진심의 공간

진심의 공간

나의
마음을
읽다

나의
삶을
그리다

김현진 에세이

자음과모음

나의 두 아버지에게

산다는 것은,
앉을 시간을 가진다는 것,
주소를 새긴다는 것,
동반자를 얻는다는 것이다.

작가의 말

너의 집에서 살다
나의 집에서 죽다

　글과 건축의 차이는 무엇일까? 책을 준비하던 일 년 동안 나 자신에게 가장 많이 던진 질문이자 성찰의 주제였다. 글은 건축과 달리 주체의 자세에 관한 세상과의 싸움이 아니라 자신과의 싸움이라는 점은 분명했다. 그러나 과정과 행위의 차이보다 제작이라는 결과의 관점으로 보면, 이 둘의 생명력의 핵심에 존재하는 것은 연결성이었다. 글이든 건축이든 가장 어려운 일은 흐름을 이어가는 것이었다. 건축가로서 체험하고 이해한 것을 공간이 아닌 문장으로 축적함으로써, 나는 마치 하나의 집을 짓듯 책을 건축했다. 점점이 흩어져 있는 단어와 소재, 요소와 재료를 꿰어 그들의 합을 초월하는 주제를 향해 나아가는 길을 선명히 드러나게 하는 일, 이것이야말로 글과 건축의 창작에서 가장 높은 단계의 사고라고 생각한다.

이 글의 소재와 말하고자 하는 바는 처음부터 분명했다. 글의 소재는 공간과 공간적 사물에 관한 것이었고, 주제는 건축적인 독해법을 통한 타인의 삶에 대한 이해였다. 그래서 만남과 관찰의 대상을 찾아 떠나는 여행에서, 건축가와 공간의 주인 사이에 발견되는 관점의 차이가 크면 클수록 이야기는 각자의 삶으로부터 독자적일 수 있었다. 타인은 나 자신과 같고 환경의 이해는 삶의 이해와 같으니, 우리의 공간은 무엇이 되어야만 하고 어떻게 읽어야만 한다는 생각의 종속보다는, 나는 무엇을 느끼고 어떻게 보는가와 같은 질문이 탄생하기 위한 사색의 멈춤과 재출발이 글의 곳곳에서 가능하기를 바랐다. 글을 읽는 사람이 단 하나의 선언적 사색에 사로잡혀 책의 여정을 곧장 따라오는 일은 바람직하지 않다는 것이 나와 편집자의 생각이었다.

책은 태생적으로 누군가의 완전한 독백이 될 수는 없지만, 그렇다고 해서 글을 접하는 이들의 감정과 교훈을 강요할 수도 없다는 것을 나는 잘 알고 있다. 나 자신의 사유로부터 사물과의 연결법을 찾았듯이, 책의 목적에 관해서도 애초부터 타인을 크게 의식할 수 없었다. 각 장의 제목들이 내포한 관계성과 은유도 오직 나 자신의 생각 속에서만 생명을 갖는다. 이제부터 공간과 감정을 부를 수 있는 다양한 이름들의 세계는 독자에게 활짝 열려 있다. 그렇지만 누구나 이 여정에 준비되어 있는 것은 아니다. 우리에게는 이 여정이 필요한 사람, 구체적인 대상이 있었다.

건축은 인간의 삶을 이해하는 데 무척 중요하다는 것을 막연하게나마 느끼고 있는 사람들이 바로 우리의 대상이었다. 인간성을 만드는 인간의 경험 중 가장 큰 것은 타인이고, 그다음이 공간이다. 위대한 자연 풍광과 장엄한 건축이 아니더라도, 방금 지나온 길과 방과 교실처럼 나의 일상을 담는 공간들조차도, 우리가 느끼는 복잡한 감정과 무심한 행동에 무언가 의미가 있을 것만 같다. 자신을 둘러싼 환경에 대해서, 벽의 색깔이나 의자의 디자인, 그릇의 상표, 유리의 크기, 재료의 이름과 유행보다 더 심오한 무엇을 말하고 싶은 마음이 든다. 돈으로 장소와 분위기를 구입하면서도, 허전한 마음을 달래주고 자기 자신과 사물들 사이에 존재하는 공간의 의미심장함을 말해주는 글을 누군가 기다리고 있을 거라고 생각했다.

구상으로부터 추상으로 이르는 단계, 사물에서부터 원리를 이해하는 단계, 그리고 개개의 건축으로부터 삶의 질서와 모순을 발견하는 단계를 거치며, 이름들의 세계 아래 존재하는 공간과 사물이 지닌 본연의 의미를 신중한 누군가 발견해내기를 바랐다. 그것을 통해 그는 비로소 영원성과 비어 있음을 경험하게 될 것이라고 믿고 싶었다. 우리가 삶의 유한성으로부터 영원성의 의미를 배웠듯이, 경계와 접촉의 감각으로부터 그 대척점에 있는 거리와 관계를 인지한 뒤 자신만의 감각으로 환경을 읽어내기를 바랐다. 조금 더 나아가 건축의 본질적인 기능과 필요조건들을 구분할 수 있고, 타인의 공간 앞에서 진심으로 그의 삶을 존중할 수 있다면 우리의 시도는 충분히 결실을 맺은 셈이다.

사람과 공간의 만남, 불행과 존엄의 순간들 속에 자신과의 거리를 가지고 싶다면 우리의 사고는 '건축적'이어야 했다. 비워내기 위해 지켜야만 하는 틀의 존재를 이해하고, 자신과 환경의 관계를 스스로 정의할 수 있고, 공간은 시간과 관계를 체험하는 방식에 영향을 준다는 것도 이해해야만 했다. 인간의 고독과 자유뿐만 아니라, 죽음과 성찰에도 공간과 사물은 결정적이었다. 그래서 자신의 삶을 이야기하기 위해서는 타인의 공간 한가운데 서보아야만 했고, 타인의 삶을 그리기 위해서는 생성에서 소멸까지 시간의 궤적을 자신의 언어로 해석할 수 있어야 했다.

시간과 공간을 한정하지 않고 본다면, 인간의 삶은 아름답지 않다. 우리가 선택한 것도, 스스로 접을 수도 없는 것이, 어떻게 늘 아름답기만 할까? 자신의 이야기를 꼭 해달라는 제실 할머니의 방, 평범한 그 방은 객관적으로 보았을 때 특별한 아름다움과는 거리가 멀었다. 그러나 내 어머니의 방이라고 생각하는 순간, 방의 모든 것들, 보이지 않는 것들까지 눈물겨웠다. 그렇다. 삶은 추하지도 아름답지도 않지만, 삶을 아름답게 읽으려는 노력만이, 나의 공간을 아름답게 만든다. 아름다움을 깨닫는 일은, 나의 마음 깊은 곳에서 잊혔던 감정을 읽어내는 일과 같다.

'이미 다 적힌 세상의 말을 찾아 헤매는 것이 우리의 인생'이라는 문장으로 글의 여정을 시작했으니, 여정의 표지판으로 이것이 가장 적절한 것 같다. '너의 집에서 살다, 나의 집에서 죽다.' 아무리 힘겨운 하루였어도 나의 방에서 한숨 깊이 자고 나면 다시 시작할 힘이 생겼다. 인생의 큰 순환을 이해하면서 사람에 대한 절망이 이해와 체념으로 돌아섰다. 나는 사람들이 이 글의 도움을 받아 각자의 공간과 현실의 관계를 다르게 읽음으로써, 마치 별을 이어 별자리를 그린 것처럼 달리 읽히는 일상을 누리기를 바랐다.

살고 있는 아파트의 거실과, 좁은 작업실이 참 좋아졌다. 전망이 좋아서도, 교통이 편리해서도 아니다. 그곳에서, 가족과 동료들로부터, 가장 나답다고 느끼고, 가장 편안하기 때문이다.

평범하고 낡고 좁은 공간이라도, 자신의 삶이 새겨진 공간은 무척 소중하고 사랑할 가치가 있다는 말을 꼭 하고 싶었다. 공간을 생각하는 마음, 누군가와 나를 경계 짓던 선을 서로를 잇는 내면의 선으로 바꿀 수 있는 진심眞心만이 우리 인생을 데워줄 것이라 믿으면서.

2017년 2월
김현진

차례

작가의 말 08

문은 비대칭이다 18

느린 계단 48

창의 모순 76

지붕의 사색 106

물러난 대문 138

책장과 독립심 168

탁자의 초대 198

부엌의 고독 232

방과 죽음 262

우리에게 공간이 필요한 이유 292

책 속의 공간들 334

깊은 감동의 공간을 거친 사람은
마치 우주를 본 사람처럼
겸손과 담대함을 알게 된다.

문은

비대칭이다

나쁜 말일수록
문에 가장 가까이 있다.

―조제프 앙투안 투생 디누아르, 《침묵의 기술》

문 앞에서 받은 상처

　　세상 밖으로 멀리 가면 갈수록 모든 말은 이미 다 했고 모든 글은 이미 다 쓰였다는, 단순한 진리를 깨닫게 된다. 우리는 이미 세상에 나온 말과 이미 적힌 글을 찾아 일생을 헤매는 것과 같다. 유형과 무형으로 인류에 새겨진 언어를 이해하고자 하루하루 살아간다. 매번 깨우침의 경계에는, 내가 머문 공간과 열린 공간 사이의 문이 있었다. 안과 밖, 나와 타인, 여기와 거기, 정지와 운동. 내가 비로소 손을 내밀어야만 그어지는 전이의 선이 분명히 존재했다.
　　세상의 모든 가치는 상대성과 불균형에서 태어나고 그 선 언저리에서 갈망과 좌절은 마치 꽃처럼 피고 진다. 그러나 인생은 이미 이름을 확정한 꽃을 찾는 일도, 걷기 쉬운 평지만을 찾는 일도 아니었다. 내가 키워야 하는 작은 나무를 발견하는 일이었고, 기울어진 곳에서 균형 잡는 법을 배우는 일이었다.

시인 라이너 쿤체의 표현처럼, "우리는 아직 한 번도 세상의 모든 문을 두드려본 적 없이 스스로 세상을 떠난다"(〈자살〉). 그렇지만, 얼마나 문을 두드렸는가 그 열렬함에 따라 누군가의 삶은 눈부시게 아름다워진다. 우리들은 운 좋게도 그들이 뒷사람을 위해 열어둔 문을 넘어 저 신비한 세상으로 들어갈 수 있었다.

나는 자신의 육체와 감정의 상태를 진심으로 표현할 수만 있다면 누구나 심오한 철학자가 될 수 있다는 것을 알게 되었다. 평범하면 평범할수록 그 사람은 더 철학적일 수 있다. 진심을 표현할 예리하고 단순한 언어만 찾는다면 얼마든지 가능하다. 소모되는 물질로 채워져 있는 육체의 소진에 대응하여 삶의 균형을 맞추는 과정은, 스스로 납득할 만한 정신의 언어로 들어가는 탐험이었다. 이 탐험은 낯선 세계로의 문을 스스로 열고 들어가면서, 나와 너머의 세계를 구분하는 일로부터 시작된다.

집의 우주에서도 어디로 문을 열 것인가는 의미심장하다. 집은 문을 다는 일로 시작되었기 때문이다. 문은, 열고 닫는 방향만이 중요하다. 문짝의 모양새나 재료는 그다음이다. 문의 방향은 집짓기에서 첫 번째로 숙고되는 것이다. 몇 센티미터 문짝의 두께 안팎에는 어디로 열고 닫으며, 누구를 지키고 막을 지가 분명히 새겨져 있다. 문의 방향은 활용도가 높고 더 오래 머물 곳으로 정해진다. 문을 놓는다는 것은 대부분의 사람에게 안과 밖, 나와 세계를 구분하는 일이다. 건축가는 어떤 공간을 구상하며 어디로 출입할지를, 어디로 열리게 할지를, 어디로 문의 방향을 둘지를 먼저 정한다. 그리고 이 순간, 사람들에게 묻는다.

당신에게는 무엇이 더 중요한가요? 당신은 문을 여는 사람인가요, 닫는 사람인가요? 들어가는 사람인가요, 아니면 나오는 사람인가요? 당신의 집에서는 어디가 더 중요하고 무엇을 지켜야 하나요? 문을 열면 누구와 무엇이 보이나요?

문 앞에 서면 나와 타인이 분명히 정의되고, 너머로의 이동은 새로운 분위기와 질서에 적응하도록 우리를 재촉한다. 도시적으로나 한 공간 안에서나 문의 방향과 위치는 보통 사람들의 습관과 의식을 깊이 반영하고 있다. 조심성 없는 사람이 문을 열더라도 우리가 지키고 싶은 것은 무엇인가, 어느 쪽이 더 안전한가, 무엇을 기대하게 하는가에 따라 문의 위치와 열리는 방향이 정해졌다.

우리는 문을 열며 공간의 크기를 가늠하고, 어딘가에 시선을 맺는다. 좋은 집에서는 이 시선을 빛이나 경치로 잡아둔다. 벽의 한가운데에 문을 뚫던 것이 한쪽으로 쏠리게 된 이유는, 방의 크기가 작아지고 가구들이 방 안으로 들어오게 되면서다. 가구가 기댈 벽면을 확보해야 했고, 공간이 실제보다 더 커 보이도록 하는 대각선 방향의 개방감이 중요해졌기 때문이다. 공간의 구조와 요소들은, 사람의 움직임과 개인적 감각에 깊이 관여되어 있었다. 그러나 이제 연관성은 종종 잊히고, 공허한 사물의 이름만 남았다.

최근에 간호대학을 설계하면서 간호학과의 기본 교육과정을 지켜볼 기회가 있었다. 그중 병실 문 앞 자세를 가르치는 수업으로부터 큰 감동을 받았다. "문을 열고 닫을 때는 손으로 열고 닫는 것이 좋다. 물건을 내려놓고 문을 열며, 방 안에 있는 사람에게 등을 보이지 않는다. 그리고 필요 이상으로 문을 활짝 열지 않는다. 여닫이문은 손잡이의 안쪽, 문에서 조금 떨어진 곳에서 서서 열며, 미닫이문 앞에서는 문짝이 밀리는 방향 쪽에 선다."

신중한 사람은, 작고 평범한 문이라도 그 앞에서는 마음을 가다듬고 문의 방향을 살핀 뒤 문고리에 손을 댄다. 문의 구분이 만든 경계의 의미를 존중하고 나의 등장이 만들어낼 공간의 파장을 준비한다. 문이 필요했던 이유와 문의 생김새를 생각하면, 문 앞에서의 행동과 기대는 문의 디자인과 재료보다 훨씬 중요하다. 그 요소의 본질적인 것과 관계된 기능과 의미를 읽어낼 때, 건물과 공간, 그것을 이루는 아주 세세한 것까지 모두 우리의 삶에 직접 관여한다.

기울어진 문

일상생활에서 열린 문의 옆면을 세워두고 바라보는 일은 거의 없다. 지금 내 방문, 집의 대문을 활짝 열어 문짝 옆면이 눈앞으로 오도록 세워서 보면, 오래된 집일수록 문의 비대칭성, 내 삶의 고저가 거기에 있음을 알 수 있다. 서로 대등한 양쪽을 열고 닫는 거라 여겨진 문이 사실은, 주인공에서 배경으로 물러나고, 펼쳐내던 이에서 기다리는 이로 바뀌는 인생의 굴곡을 담고 있다.

스스로 문을 여는 일을 오래도록 잊고 지냈던 어느 노인의 집에 들어섰다. 문을 잠그는 자물쇠가 어느 쪽에 있는지, 문의 어느 쪽 모서리가 더 닳았는지, 문손잡이 중 어느 것이 수평으로부터 더 기울어졌는지 살펴보았다. 안에서 잠기는 그 문을 카메라 앞에 세워놓고 깊은 생각에 잠겼다. 옛집에서 부모님 방문은 밖에서 여는 것보다 안에서 여는 것이 훨씬 수월했다. 때로는 허락을 받아야만 열 수 있었고, 안에서 열 때 문의 움직임은 더 부드러웠다. 인기척에 놀란 노인을 안심시키는 아들의 인사가 아주 무심한 걸 보니, 이 문이 아주 오래도록 안에서 열린 일이 없었다는 걸 알 수 있었다. 스스로를 보호하는 것인지, 오히려 스스로를 가두는 것인지, 자물쇠는 안심과 고립의 두 얼굴을 이리저리 바꾸는 것 같다. 노인이 문밖으로 스스로 나서는 일은 없어졌다.

문고리를 잡는 일은, 삶을 주도하고 일상을 영위하는 문제와 직결되어 있다. 정치적 반체제주의자인 마우리시오 로젠코프는 수년 동안 감금된 이후 자유를 누리게 되면서 직면한 충격을 문고리의 문제로 말했다. "나오자마자, 우리는 갑자기 모든 문제들에 직면했다. 예를 들면 문고리 같은 우스운 문제들, 나에게는 손을 뻗어 문고리를 잡는 운동 반사가 없었다. 13년이 넘도록, 나는 문고리를 잡을 필요가 없었다. 그것은 '허용'되지 않았다. 닫힌 문 앞에 서면 나는 순간적으로 난처해졌다. 그다음에는 뭘 해야 할지 기억이 나질 않았다."(주디스 허먼,《트라우마》)

문을 스스로 열고 닫는 일은 이처럼, 한 개인이 생명을 얻고 세상 속에 존재하는 자연스러운 방식의 증거다. 노인의 집의 역사 80년을 온전히 채운 문은 아니겠지만, 가장 급격한 삶의 변화는 이 문 안팎에서 일어났을 것이다.

문의 건축에 있어서 그 기본 요소들, 즉 문틀, 문짝, 경첩 그리고 손잡이 중에서 경첩과 손잡이는 문의 방향과 직접 연관되어 있다. 손잡이를 움직여야 잠금이 풀리고, 경첩이 달린 쪽의 반대 방향으로 문이 열린다. 안으로 열고 싶으면 밖에, 밖으로 열고 싶으면 안에 경첩을 단다. 건축의 모든 과정은 이런 숙고 가운데 있다. 열기 위해서는 닫아야 하고, 크게 만들기 위해서는 작은 것을 함께 두어야 한다. 거푸집을 세우는 원리는 채움을 상상하는 일이고, 비움을 만들기 위해서는 벽이 꼭 필요하다. 자연스럽다는 것은 형태와 재료의 문제에 관한 것이 아니라, 원리와 현상을 이해하여 공간을 통해 인간을 보는 일이다.

누구나 자신의 집을 꿈꾸면, 오래도록 변하지 않는 것과 나에게 남은 인생의 시간에 대해 생각하게 된다. 변하지 않는 것을 찾는 이유는, 건축도 우리의 생명처럼 한시성과 영원성을 함께 살아내야 해서다. 그래서 인공적인 환경을 만드는 일은 그것을 만드는 모든 물질의 성질, 그 강점과 약점을 정면으로 마주하게 만든다.

집의 장치 중 사소한 문제를 많이 일으키는 곳이 바로 문 주위다. 문틀과 문짝 사이의 틈도 벌어진다. 오래된 문은 빛도 새어들고 사람의 그림자도 언뜻언뜻 비친다. 그리고 문짝의 안팎이 서로 다르게 변하고, 문의 위와 아래가 달리 변한다. 안의 공간과 밖의 공간 사이의 공기와 습도와 빈도의 차이는 문의 두께 양 표면을 서로 다르게 변화시킨다. 문짝을 만들 때 휨을 방지하는 지지대를 꼭 만드는 이유는 환경과 이용의 비대칭성 때문이다. 문은 주 방향이 있고 작동의 축을 기점으로 두 공간이 가진 대비가 클수록 변형은 분명하다. 오래 닫혀 있던 문일수록 문짝의 양면은 아주 다르다.

 문이나 가구를 오래 사용하면 문짝이 내려앉거나 경첩이 헐거워져서 문이 제대로 열리거나 닫히지 않는다. 문을 설치할 때와 마찬가지로 경첩을 조정하면 문의 수평이 다시 맞추어지고 힘의 작용으로 이루어진 변형들이 보완된다. 문의 중심보다 아래에 손잡이가 존재하고, 경첩이 위쪽에 두 개, 아래쪽에 한 개가 있는 이유도 수평을 유지하는 것과 회전력을 의식해서다. 아래쪽 경첩은 위치를 잡아주는 역할을 주로 하고, 위쪽 경첩은 밖으로 당기는 힘을 받게 되므로 오래 쓸수록 이곳부터 먼저 헐거워진다. 특히 문이 무거울수록 위쪽 경첩이 담당해야 할 힘이 커져서 위쪽 경첩을 더 많이 단다.

 문은 완전한 수평과 대칭을 지켜 세워지지만, 그 안정감은 늘 위협받는다. 그래서 역학과 방향의 불균형을 조정하는 장치와 사람의 손길을 늘 기다린다. 10년을 넘긴 우리 집 손잡이들은 이제 모두 아래로 처져 있고 원의 중심도 비켜나 있다. 사람과 일상의 힘은 생각보다 강력하고 뚜렷해서, 마치 조각처럼 공간에 깊이 새겨진다.

 우리는 하루에도 수없이 문 안팎을 넘나들지만, 균형을 맞추기 위해 경첩을 죄는 순간만 문은 우리 손과 만난다. "건축은 지적이거나 시각적인 개념화보다는, 그것을 통해서 무엇을 작동하거나 우리가 이동하면서 촉각적으로 겪는 것들, 일련의 개인적 체험들을 통해서 더 잘 이해된다."(톰 메인. 베르나르 추미 외, 《21세기 초의 건축》)

사람들은 집의 전체적 구조와 각 공간들의 개연성에 대해 잘 알지 못한다. 하지만 문을 열고 닫는 순간처럼, 접촉과 이동을 통해 단순한 감상보다 더 확실한 애착으로 건물과 공간을 기억한다. 촉각은 여러 감각들이 뒤엉켜 있는 입체적인 감각임에 틀림없다. 그래서 단지 손으로 만져지는 표면의 성질보다는 사람의 움직임에 더 영향받는다. 부드러운 카펫 위로 올라섰을 때, 커튼을 젖혀 숨겨진 경치를 발견할 때, 손바닥으로 쓰다듬던 벽의 미세한 진동과 온도의 변화를 느낄 때, 문소리보다 조금 늦게 바람을 얼굴로 만날 때, 매끈한 손잡이를 움켜쥐고 돌릴 때, 건물은 건축적이 된다.

건축가는 손잡이와 난간을 공식처럼 외우고 있다. 장애우나 어르신들을 위한 난간은 바닥에서 80~90센티미터 높이에, 지름 32~38밀리미터의 원형 손잡이를 가지고 있어야 한다. 문의 손잡이는 대부분 바닥에서 105~110센티미터 높이로 경첩의 반대쪽에 있다. 둥글거나 짧은 막대기 모양의 손잡이부터 문의 길이만큼 아주 긴 원형 손잡이까지 다양하다. 반면 문짝을 옆으로 열고 닫는 미닫이문의 손잡이는 그리 큰 역할을 하지 않

아도 된다. 손잡이가 없다 해도 테두리를 붙잡고 문 전체를 움직이면 된다.

  밀폐와 안전과 같은, 성능의 문제가 개인의 공간에서도 중요해지면서 미닫이문보다는 여닫이문이 일반화되었다. 손잡이에는 단순히 열고 닫는 문제가 아니라 귀한 것을 지키고 공간을 구분하는 역할이 더 중요해졌다. 문은 건축의 탄생과 함께 존재했지만, 자신을 보호하고 안팎을 구분하기 위해서는 열쇠나 빗장, 혹은 끈이면 충분했다. 서양 건축에서도 문고리와 문손잡이의 역사는 200년 남짓으로 그리 길지 않다. 그러나 잠그고 여는 일의 반복, 안전과 구분에 대한 열망 덕분에, 모든 사람에게 공평하고 편리한 손잡이가 발명될 수밖에 없었다.

  이제 모든 집의 손잡이는 똑같아졌고 손잡이의 작동 방법을 모르는 사람도 없다. 손잡이를 고르는 일도, 문고리를 기억하는 일도 낯설다. 어떤 집만을 위해서 제작한 특별한 열쇠꽂이 앞에서 호흡을 가다듬는 일도 알지 못하고, 손 아래로 잡히는 문고리의 감촉에 잠시 멈추어 서는 일도 드물어졌다. 집과 사람에 대해 아무것도 알려주지 않는 사물들 앞에서 우리는 주변 환경과의 모든 관계를 잃어버린 느낌을 받는다. 누군가의 집 대문 모양새를 기억하는 일도, 둥근 손잡이를 돌리는 법도, 문 앞에서 인기척을 내는 법도 이제는 알지 못한다.

사물을 사용할 줄 모르는 사람

타인의 공간과 특별한 사물 앞에서 느끼는 낯선 감정이 두려워, 대부분의 사람들은 오히려 익숙하고 변화 없는 공간에서 갖는 편안함에 만족해한다. 그래서 한 사람 한 사람의 개성처럼 개인화되어 있는 어떤 집이나 문 앞에 서면 오히려 감각과 주도성을 잃는 것만 같다. 문의 종류와 디자인 등 머릿속에 쌓은 정보는 가득할지 몰라도 당장 이 안으로 어떻게 들어가야 할지, 문을 어떻게 잡고 열고 닫아야 할지와 같은 사소한 몸짓조차 어색하다.

몸과 마음의 능력을 기르고 키우는 것, 그것은 공간의 사물들과 사람의 행동이 어우러지는 일이다. 작은 물건이라도 그 장치의 작동과 원리에 대해 생각할 줄 아는 사람, 사물을 인간과 관계하여 그 역할과 운동을 유추하는 사람, 자신과 타인에게 이롭도록 몸을 사용할 줄 아는 사람은, '경험의 핵심을 간직한 매개체'로서 정신, 즉 문화를 이어가는 사람이다.

기술화는 우리의 행동거지에서 망설임이나 신중함, 애정 같은 것을 몽땅 추방해버린다. (……) 여닫이 창틀이 없이 미닫이 창틀만 있고 부드러운 손잡이 대신 돌리는 단추 자물통만이 존재하며, 거리를 향한 현관이나 문지방, 정원을 둘러싸고 있는 담

등이 없다는 것이 도대체 주체에게 무엇을 의미하는가? 경험의 고사枯死에 대한 작지 않은 책임은, 수단-목적 관계에 완전히 종속되어버린 사물들이 그 취급을 오로지 작동에만 제한시키는 형식을 갖게 되면서, 행동이 끝나도 완전히 사라지지 않는 잔영이나 잉여 — 행동의 자유에서든, 사물의 자율성에서든 — 를 남겨놓지 않는 데 있다.

—테오도어 아도르노,《미니마 모랄리아》

이 텍스트를 만나 그간 사람들의 소심하고 무심한 행동들 앞에서 느꼈던 복잡한 감정의 원인이 완전히 이해되었다. 제스처(몸짓)가 정확하고도 거칠어지는 이유가 획일적인 기술화에 있었고, 사물의 속성이 인간의 행동 위에 군림하게 되면서 사람들은 품위와 신중함으로부터 멀어졌다. 문손잡이를 재빨리 놓아버리거나, 문지방을 밟고 서 있어도 아무렇지 않다. 타인의 공간의 문 앞에서도 목소리를 낮추지 않고, 문의 방향과 손잡이의 작동을 몰라 허둥대는 사람들을 대하는 일들이, 불쾌함보다는 서글픔과 절망감의 여운이 길었던 이유를 나는 이제 명확히 설명할 수 있다.

사물의 본연을 생각하지 못한다면, 세상과 관계 맺는 법에도 서툴다. 사물과 사물 사이, 인간과 사물 사이, 인간과 인간 사이에 존재하는 거리와 공간을 가늠하고 자신이 직접 그들을 연결해본 경험이 적어서다. 사물은 우리에게 세상과 관계 맺는 법을 가르친다.

아버지는 문이 잘 열리지 않는 이유도, 보일러가 작동하지 않는 이유도 홀로 알아내셨다. 공기가 가득 차 있다며, 뜨거운 물의 순환이 막혀 있는 곳을 찾아내려고 분배기의 밸브 하나만 열고 나머지 모두를 잠그셨다. 밸브를 열면 공기 빠지는 소리가 났고, 이런 방법으로 모든 밸브를 하나씩 하나씩 열고 잠그기를 반복하셨다. 밸브에 호스를 끼워 작은 대야에 몇 번이고 물을 받고 비우는 일이 끝이 날 즈음, 식구들은 서서히 방을 데워줄 온기를 기다렸다. 아버지는 문을 제대로 닫고 나가지 않는 아들을 위해 한번 열린 문짝이 저절로 천천히 닫힐 수 있도록, 문틀과 문짝 가장자리를 낡은 자전거의 용수철로 연결하셨다. 열고 닫을 때마다 소리가 나는 문 장석裝錫에는 재봉틀 기름을 조금 떨어뜨렸던 기억이 난다. 비 오는 날이면, 긴 막대를 이용해서 지붕을 따라 이어지는 물홈통의 한쪽을 살짝 들어 올리셨다. 빗물을 한쪽으로 흐르게 하자 어머니는 고무 통을 그 아래에 두었고, 금방 한가득 채워진 빗물을 퍼서 빨래를 하셨다. 빗물이 미끌미끌해서 빨래가 잘된다 하셨다.

부모님은 집과 함께 사셨다. 집의 모든 부분들은 우리의 몸과 경험을 두루두루 사용하게 하면서, 허기와 불안과 무료함을 달래주었던 것 같다. 식구들이 화장실 문에 튀어나온 부분을 누른 것을 잊고 닫아버려 문이 잠기는 일이 잦아지자 아버지는 화장실 문짝 가장자리를 작은 반달 모양으로 파내셨다. 그래서 래치(문고리를 움직여서 문짝의 고정과 잠금을 만드는 것)가 문틀 쪽에 걸려 잠기더라도 밖에서 그 부분을 건드려 문을 열 수 있게 하셨다. 아버지는 그런 생활의 기술들을 도대체 어떻게 알게 되셨을까? 집의 사물들은 대개 아버지에게 속한 것이었고, 끊임없는 고안과 보살핌의 과정을 거치며 우리에게 길들여졌다. 나의 집에서 제대로 산다는 것은, 누군가의 불편을 염려하고 실수를 덮어주기 위해 몸과 마음의 정성을 다하는 일이다.

우리는 타인의 문에 너무 가까이 있다

안의 사람은 밖을 그리워하고, 밖의 사람은 안을 궁금해한다. 건축의 많은 요소들이 그러했듯이, 집이라는 인공적인 환경과 대비를 이루는 자연, 우연, 암시 등은 문 안팎에 여러 모습으로 새겨져 있다. 요즘 집의 문과 달리, 노인의 집 모든 문에는 크고 작은 창이 나 있었다. 그 모양은 제각각이었지만 대부분의 창에는, 유리 한쪽 표면에 요철을 넣은 이른바 무늬유리가 끼워져 있었다. 그 집을 두 번 방문했지만 당시에는 알지 못했다. 촬영한 사진들을 곰곰이 살펴보면서, 유리의 무늬들이 서

로 다르다는 것을 알았다. 물이 흘러내리는 것 같기도 했고, 안개나 성에가 낀 것 같기도 했고 어떤 무늬는 형언하기 어려운 추상의 패턴 같기도 했다.

무늬유리는 판float유리를 만들 때 무늬를 찍어내는 방법으로 만들어진다. 아주 뜨거운 용광로에서 녹인 유리를 액화된 양철 안으로 흘려보내면, 양철보다 가벼운 액화 유리는 평평한 면을 만들며 그 위에 길게 펼쳐지는데 이렇게 만든 유리를 판유리라고 한다. 한 면에만 무늬를 찍어 만들기 때문에 무늬를 새긴 유리면은 그렇지 않은 면보다 물리적으로 더 약하다. 게다가 판유리는, 부서지면 콩알처럼 잘게 깨지는 강화유리와 달리 크고 날카로운 파편으로 부서져 더 위험하다. 물이 묻으면 투과한 것처럼 보이기도 하고, 얼룩이 묻거나 손상되기가 쉬워 무늬면은 안쪽을 향한다.

우리는 자신의 공간 안에서, 빛과 풍경은 간직하되 타인의 호기심으로부터는 보호받기를 원한다. 무늬로 안과 밖을 구분한다. 무늬가 새겨진 면은 공간의 주인을, 그렇지 않은 면은 손님을 향한다. 선명하고 아름다운 것일수록 변하기도 쉬운 것은 세상사 이치와 같다. 방 안에 있는 사람, 주인만이 그것을 지켜낼 수 있다.

한편, 무늬는 빛을 투과하여 은근한 분위기의 공간을 만들지만, 다른 사람의 시선을 차단하려는 목적이 컸다. 마치 안개가 낀 것 같은 미스트 무늬유리를 끼우면, 밖의 아무것도 보이지 않는다. 아주 약한 빛만 방 안으로 들어온다. 이런 무늬의 유리와 투명 유리를 나란히 놓으면, 그 대비를 통해 유리면에서도 마치 벽과 같은 불투명성이 느껴진다. 그래서 무늬유리는 햇빛과 비를 직접 만나는 곳보다는 공간 안에 다시 공간을 만들 때 즐겨 사용한다. 안개나 비와 같은 자연의 암시는 가장 사랑받는 패턴이다. 물을 닮은 아쿠아 무늬, 유리면을 타고 비가 흘러내리는 것 같은 빗물 무늬, 마치 물이 얼어붙은 듯한 모습의 나시지梨子地 무늬를 통해 보이는 그 너머의 공간은 마치 바깥인 듯한 착각을 준다. 무늬유리를 만들 때에는 유리의 한쪽 면에만 무늬를 새긴다.

  건축의 많은 요소들이 그러했듯이, 집의 숙명, 타인의 시선과 경치의 동경, 기하의 질서와 삶의 의외성은 여기에 그려져 있다. 노인의 집 작은방 출입구와 별도로 방 안에 나 있는 나무 문은 특별했다. 성에가 낀 것 같은 무늬유리 위에 작고 화려한 색깔의 꽃잎 모양 스탠드 글라스가 덧붙어 있었다. 곤히 잠든 식구들을 깨우지 않고 식사를 준비하러 조심스러운 몸짓으로 이 문을 여는 이에게 주는 선물 같았다. 이 문을 통하면 방 안에서 복도를 거치지 않고 부엌으로 바로 나갈 수 있다.

  문 앞에 멈추어 선 채 생각했다. '열어도 될까? 아침마다 이 문을 열던 그 사람도 꽃의 의미를 남다르게 느꼈을까?' 이럴 때

면 사물의 본래 일과 그 성질에 대한 단편적인 지식은 산산이 부서진다. 상상과 특별한 감상의 증거를 통해서, 어떤 표현도 단 하나의 의미로 고정될 수 없다는 것이 확인된다. 벽과 하나가 된 문에 익숙해진 우리에게, 이러한 섬세함은 사물의 서정성을 전해주기에 충분했다.

현대적인 집을 갖고 싶어 했지만, 가부장적이고 폐쇄적이고 수동적인 생활을 버리지 못하는 사람에게는 그 집이 마치 벗어 던지고 싶을 만큼 불편한 옷처럼 되어버린다. 그리고 사람이 그 공간을 바꾸어버린다. 창이 많아 밝고 환한 집을 불편해하며 두꺼운 커튼을 창 앞에 드리울 것이다. 부엌을 채우는 전자제품과 싱크대의 가격을, 일의 노고를 덜어줄 음악이나 풍경보다 더 중요하게 여길 것이다. 문 너머에는 누가 있는지, 무슨 일이 있을지 생각하지 못하는 사람에게는, 아무리 귀하고 아름다운 공간도 위안이 될 수 없다.

'고요하고 신중하고 확고하게' 문 닫는 법을 배우지 못한 사람, 손잡이를 끝까지 내리거나 돌려서 문을 완전히 열지 못하는 사람, 문이 드러내야 하는 무수한 정보를 감추거나, 반대로 그것을 보고도 아무것도 읽어내지 못하는 사람이라면 공간과 사물로부터 자신의 삶을 더 풍요롭게 만드는 데 아무 도움도 받을 수 없을 것이다. 사물과 몸짓의 관계를 나 자신과 환경에 투사하는 일은, 물질적 가치와 실증적 관계에 의존하는 가치관과 근본적으로 다르다. 연결성의 인식, 이것이야말로 인간애와 구축의 원리를 이해하는 기본이다.

신체의 기관도 마찬가지다. 이들의 연결성은 개개 기관의 역할을 넘어서 생명 그 자체와 직결된다. 집의 요소들도 생명 원리에 따라 꿈틀꿈틀한다. 문은 움직이려 하고, 계단은 걸으려 하고, 창은 들썩거리려 한다. 그 신호를 무시할 때, 우리는 관계의 행동을 포기하고, 건축이 줄 수 있는 수많은 신비를 놓친다. 각각의 공간과 공간을 이루는 사물들도 서로 혹은 인간과 어떻게 연결되느냐에 따라, 구축이 추구했던 추상의 목표에 우리를 가까이 다가가게 한다. 인간과 자연의 불완전함은 균형과 안정으로 나아가고자 끝없이 노력하게 했다. 상대성과 비대칭은 마치 절대 바닥날 리 없는 연료처럼, 서로를 태워 우리를 전진시키고 성숙시켰다.

'사물'을 대하는 인간의 자세는, 물질의 유일한 가치를 가늠하는 일이 아니라, 그 사실과 물체의 탄생에 존재하는, 본래의 '일과 성질'에 대해 깊이 생각하는 일이다. 나는 사람들이 자신의 공간과 그 공간의 아주 작은 요소들에 대해 섬세해지기를 바라면서 이 책을 썼다. 그리고 글을 쓰는 동안 나 자신에게도 많은 변화들이 일어났다. 우리가 발견한 문, 계단, 창을 깊이 관찰하고 정확히 이해하는 일은 심성과 일상에 어떤 영향을 줄까?

나는 건축이 사람들을 고통과 압박감으로부터 치유하고, 불편함과 외로움으로부터 구원할 거라는 믿음을 경계한다. 창조는 건축가의 몫이고, 그의 삶과 관련한 개인적 경험과 훌륭한 협업 기술자들은 건축의 아름다움과 편리함을 풍부하게 하지만, 이것만으로는 충분하지 않다. 아무것도 하지 않고, 아무것도 생각하지 않는 이에게조차 건축은 치유와 구원이 될 수는 없었다. 기꺼이 삶을 변화시키고자 노력할 때 건축은 그 변화의 결정적인 무엇이 된다. 일상의 환경과 평범한 관계 속에서 조금 더 사색적인 사람이 된다면 자신의 환경에 대한 인식은 분명 변화할 것이다.

사람들은 지식과 지위가 부여한 인공적 자태보다, 환경과 행동이 만든 은근한 자태를 가진 이를 사랑하고도 두려워한다. 그가 가진 평정과 침묵, "아무 말 하지 않고 있어도, 얼굴에서 밝고 개방적이며, 생기 넘치는 기운이 느껴지고, 말에 의존하지 않고도 어떤 감정 상태에 있는지가 자연스럽게 드러나는, 그런 침묵"(《침묵의 기술》)은 공간과 함께 빛이 난다. 이 침묵을 아는 이라면 건축과 환경의 획일화를 혐오하고, 물질의 외면에 현혹되지 않을 것이다. 우리는 어떤 진실을 이미 알고 있다. 각자 느낀 진실을 묘사하고 설명하는 말들이 바로 글과 공감의 힘이다. 그래서 글이 태어나고 음악은 흐르고 건축은 세워진다. 자신이 느낀 인생의 진실을 표현하고자 할 때, 그것이 무엇이든 우리의 마음은 일렁거린다.

동시에 인간의 말이 가진 필연적인 불완전성과 똑같이, 아주 오래 지속되는 건축과 변동하는 삶 사이의 불완전성에 대한 광신과 회의의 가능성 모두를 나는 열어두고 싶었다. 인간의 말은 얼마나 불완전한가. 마찬가지로 공간의 주체와 타자의 구분, 이 자체가 배제해버리는 삶의 변칙들이 너무나도 많다는 것을 우리는 잘 알고 있다. 우리가 할 수 있는 일은 최대한 유연하고 느슨하고 무엇이든 엄격하게 정하지 않는 집을 가지는 일뿐인 것 같다. 그렇지만 집은 이렇게 만들어지지 않는다. 일단 어떤 구조와 영역의 질서를 확립하면 건축은 되돌릴 수 없다. 단지 정착과 이동, 소모와 지속, 고요와 변동, 주체와 타자의 균형은 우리의 집 안에서조차 불안정하다는 것을 인정하고, 나의 행동과 사물의 조화를 그 사이에 놓을 뿐이다. 집이 만들어진 후에도, 벽이 완전히 세워진 뒤에도, 방문이 달린 후에도, 이곳의 나와 문밖 타인 사이의 구분은 절대적일 수 없다.

사진은 시간을 멈춘다고 한다. 글도 시간을 멈춘다. 그렇지만 우리 삶의 시간을 가장 멋대로 조정하는 것은 건축이다. 환경과 관계 그리고 궁극적으로 나 자신에 대한 이해, 즉 삶을 제대로 읽고자 하는 노력은 이렇게 시간을 내 눈앞에 멈추어 세워야 시작된다. 만약 전환의 순간을 오래 붙드는 힘이 우리에게 주어진다면, 그리고 공간의 원리를 읽어주는 사람이 곁에 있다면 풍경과 사물은 자신의 존재를 낱낱이 드러낼 것이다. 건축에 있어서 은유와 추상화가 필요한 이유는, 시간을 초월하여 공간이 존재하면서 인간의 정신이 무궁무진하게 활동할 여지를 주기 위해서다. 그때 좋은 공간은 우리의 의식이 아니라 행동을 바꾸도록 유도할 수 있다. 모든 것을 설명하지 않으려는 것, 그것이 바로 건축의 위대함이다. 아름다운 문이 삶의 고단함을 덜어주지는 못해도, 휴식과 노고, 자신과 가족, 나와 타인, 여기와 너머 사이에 지혜를 준다.

조금 물러나 바라보는 문은 많은 것을 말하고 있다.

우리는 타인의 문에
너무 가까이 있다

문은 자신의 원을 그린다.
일정한 궤도의 반원을 긋거나
반경의 공간을 자신에게 종속한다.

문은 사람이다.
그 주변은 늘 불안하고,
움직임은 항상 대기 상태다.

공간이 클수록 문은 커지고
불안정의 우주도 넓어진다.

궤도의 순환 방향이 모호하다면,
원 밖으로 물러날 공간이 충분치 않다면,
공간의 크기에 걸맞은 문을 가지지 못한다면,
경계에서 어떤 암시도 느끼지 못한다면,

타인의 문에 너무 가까이 다가설 수밖에 없다.
방향, 공간, 크기, 암시.
문의 조건들.

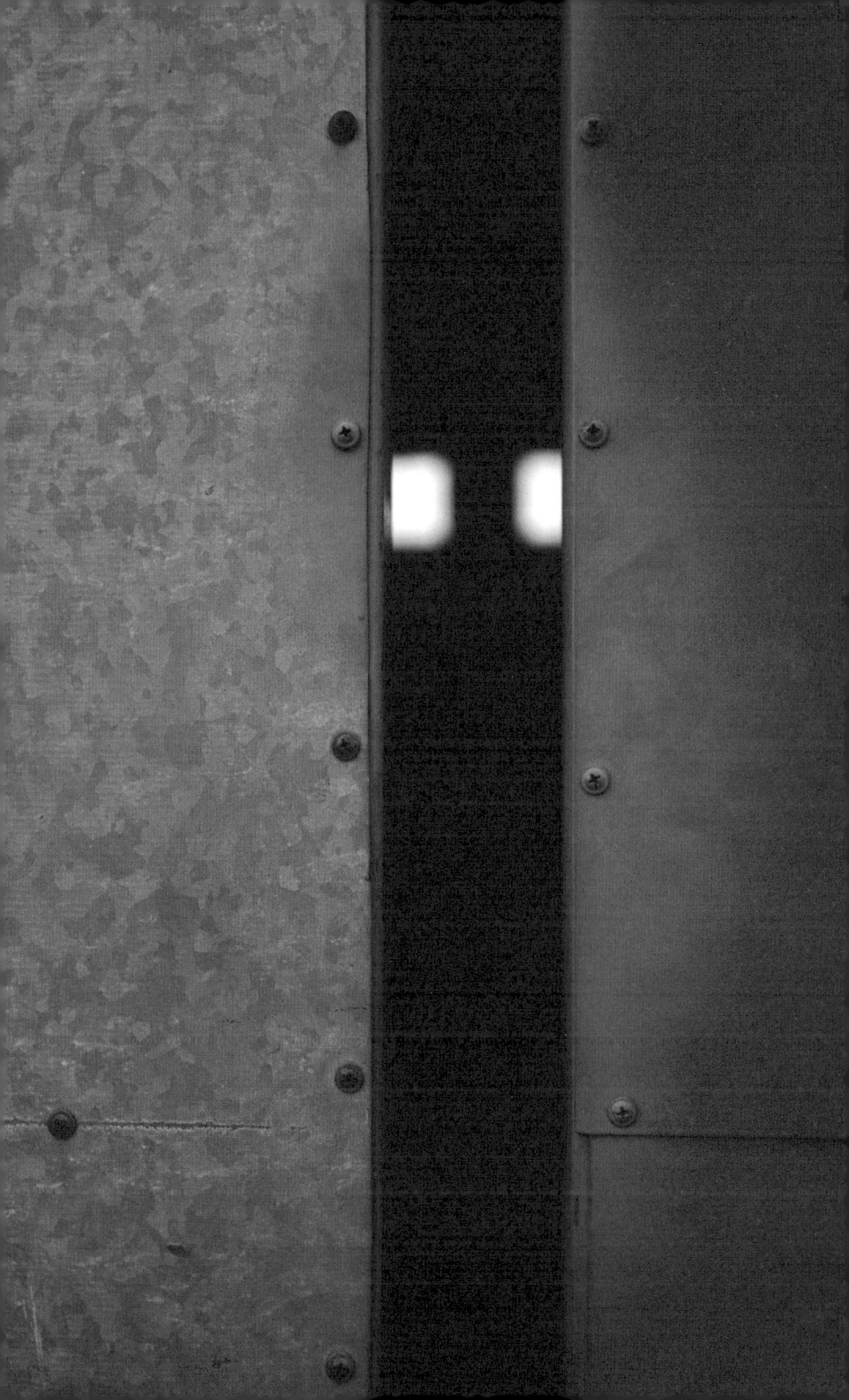

느린 계단

숫자는 우리에게 개체들의 복수성의 개념을 만들어
공감, 질서, 조화, 아름다움,
즉 정신적인 모든 것을 존재하게 했고,
공간은 꿈쩍도 않고 펼쳐져 있는 무엇인가를 가져왔다.

—르 코르뷔지에,《모듈러》

집에 속하다

'인간의 조건'이라는 담대한 제목의 책들이 꽤 있다. 인간은 어떠하다 혹은 어떠해야 한다는 글에서, 공간은 늘 추상적이다. "인간 조건은 인간적 제약성을 의미하고 내가 접촉하는 모든 것이 즉시 나의 실존 조건이 된다"(《인간의 조건》)라는 한나 아렌트의 문장은 정확하다. 불안정하고 소진되고 변화하는 인간의 약점과 공간 사이에는 절대적 관계가 있다. 그러나 이 공간은 우주적이지도 추상적이지도 상대적이지도 않다. 할머니 집, 동사무소, 교실이나 도서관, 우리 집 현관, 옥상 계단처럼 일상의 환경 모두를 말한다. 사람들의 거의 모든 활동에는 공간이 필요하다. 살아 있다는 것은 공간을 차지하는 일이고, 어느 순간 우리는 거기에 속하게 된다.

평범한 사람에게는 심오한 철학적 울림보다는 각자 속한 세계에서 실천 가능한 규칙들이 삶을 현실적으로 더 변화시키는 데 영향을 주는 것 같다. 무슨 색을 칠하고 순서를 조금 바꾸고 어떤 행위를 반복하면 현재의 삶이 더 나아지는지가 귀에 잘 들어온다. 반면, 건축과 공간은 거대하고 비싸고 움직이지 않으므로 나 자신이 그에 대한 어떤 힘이 있다고 믿기 어렵다. 나 자신을 둘러싼 환경과 인간적 특질 중 가장 어려운 두 가지 조건이 바로 시간과 공간이다. 묘사와 고정이 불가능한 시간에 비해, 공간은 의도의 표현과 정착이 가능하다. 그렇지만 이미 완성된 건축의 구성 요소를 목록화하여 설명하기는 매우 어렵다. 이해와 설명은 어떤 건물 어떤 공간에서만, 어떤 재료 앞에서만, 그리고 그 순간에만 생명력이 있을 뿐이다. 언어의 한계를 알고 건축의 복잡성을 체험한 건축가로서 계단을 말해야 한다면, 다음과 같이 시작할 수 있을 것이다.

계단은 거의 사라졌다

건축은 매우 직관적이다. 인간의 몸으로 가늠할 수 있고, 감각의 활용에 따라 사람마다 느끼는 바가 다르다. 건축은 크기와 관계의 예술이다. 사람들이 어떤 공간에서 좋은 느낌을 받는다면, 그것은 건축가가 그 크기와 관계를 잘 조율해서다. 그리고 한 시대나 한 지역을 뚜렷이 특징짓는 건축의 일관성은, 시대와 환경을 지배한 가치관만큼, 재료, 생산 시스템 그리고 건축 규범이 가져온 결과다. 건물을 세울 재료의 생산과 운반, 도시의 모습을 관리하고자 만들어진 최소한의 규칙들이, 동질성과 특징을 동시에 만들었다. 우리의 집 안에서, 문이나 창이나 가구 등 어떤 장치를 대하면서 평범하거나 혹은 특별한 느낌을 받는 이유도 이와 무관하지 않다.

계단을 모르는 사람은 없지만, 모든 계단은 각자 다른 이야기를 하고 있다는 것을 느끼는 사람도 별로 없다. 계단의 생김새는 조금씩 다 다르다. 완성된 것을 직접 보고 구입하여 설치하는 기성품 계단조차도, 다 지어놓고 나면 집집마다 다르게 느껴진다. 아파트 같은 동棟의 계단도 층마다 무언가 다르다는 느낌을 받는다. 보이는 경치가 다르고, 온기와 바람이 미세하게 다르고, 계단참에 나와 있는 살림살이의 모습이 달라서다. 계단 재료의 크기, 주변과의 관계에 따라 공간의 풍경뿐만 아니라, 그곳을 오르는 걸음의 속도와 몸의 자세가 달라진다.

가파르고 좁은 계단 위에서는 잠시도 머무를 수 없고, 고개조차 들 수 없다. 빨리 오르내리고 싶은 마음만 든다. 반대로 여느 계단보다 폭이 조금 더 넓거나, 단이 약간이라도 낮거나, 천정이 더 높거나, 빛과 경치가 남다른 곳을 오르내리는 순간, 아무리 무감각한 사람이라도 자연스럽게 걸음이 느려지고 호흡이 가라앉고 생각이 가다듬어진다. 천천히 오르내리며 혹은 도중에 멈출 수 있을 때, 우리에게 사색과 기대를 가능하게 하는 공간이 바로 계단이다. 그래서 우리의 집, 우리의 도시 안팎에는 계단이 꼭 필요하다.

계단은 위험하지 않다. 건축가들이 감성을 말해주지 않았고 구축을 섬세하게 다루지 못해서 그럴 뿐, 우리는 계단을 통해 스스로를 보호하고 조심성을 키우고 고독과 동반을 배울 수 있다. 스스로 몸을 움직이면 환경을 달리 보게 된다는 기대, 어떤 풍경과 나만의 자리를 만들 수 있다는 기대, 그 안에서 생각을 준비하며 자연스레 몸에 배는 품위. 그래서 예술품으로서의 건축과 살기 좋은 집에는 늘 잘 만들어진 계단이 있다.

계단은 높이 차이가 나는 곳을 서로 연결하는 것이다. 계단에는 건축에서 섬세한 설계와 노련한 시공 솜씨가 요구된다. 건축가는 사람의 걸음 폭과 높이를 계산하고, 시작과 끝이 만나는 지점을 살펴야 한다. 직선의 조각들을 모아 계단의 사선을 완성해야 하므로, 서로 만나는 부분을 미리 생각해두지 않으면 다 만들어놓고도 어색한 부분이 여러 군데 생긴다. 게다가 사람의 움직임을 그 안에 놓고, 인체의 특징과 공간의 조건 사이의 관계도 잘 살펴야 한다.

나는 스케일부터 재료까지, 계단의 모든 것에 대해 예민한 편이다. 목수의 사소한 실수로 단이 약간 높아졌다든가, 폭이 여느 계단보다 조금 더 넓거나 좁다든가, 손잡이 높이가 조금 낮거나 움켜쥐는 부분이 조금 두껍다든가, 미끄러지지 않도록 바닥 표면을 약간 거칠게 했다든가, 조금 튀어나오는 부분의 모서리를 아주 미세하게 둥글게 다듬었다든가와 같은 미묘한 차이를 잘 알아챈다.

문학, 영화, 회화 혹은 인문학에서 계단을 대하는 방식, 즉 상승, 절정, 과시욕 혹은 비루한 현실 등으로 비유되는 계단의 상징성에 대한 이야기는 여기서 모두 뺐다. 건축은 기호이고, 그 의미는 단독적이지 않고 다른 요소들과 상호작용하며 형성된다는 것도 인식하고 있다(움베르트 에코,《기호와 현대 예술》). 다만 상징과 해석을 통해 사람들이 스스로 아름다운 계단을 만들 수 있고 이해할 수 있는 데 직접적인 도움을 받을 수 있다고 생각하지는 않는다. 그래서 계단의 생김새와 계단에서 일어나는 사람들의 움직임에 대해서만 이야기하고 싶었다. 더 나아갈 수 있다면 연결성, 인체와의 관계, 복합적 감각 등에 대한 공감의 폭을 넓히고 싶다. 계단은 위험하고 불편한 것이 아니라 아주 합리적이고 아름다운 발명이라는 것을 깨달을 수 있다면, 그리고 앞으로도 수많은 계단을 각자 고민하고 만들어낼 수 있도록 이해를 구할 수 있다면 좋겠다.

계단은 계단판, 챌판, 계단참, 난간 등 요소의 결합체가 아니라 그 자체가 하나의 공간이다. 움직임의 과정이 아름다워야 건축이 아름답다. 규모와 용도에 관계없이 하나의 건물을 짓다 보면, 계단은 필요한 순간보다 조금 늦게 만들어질 때가 많다. 한 층 한 층 순서대로 건물이 올라가는 공정에서, 계단 공사는 나중에 이루어지기도 한다. 그럴 때면 공사 현장에 돌아다니는 자투리 나무 각재角材로 만든 간이 사다리나, 다 쓴 거푸집을 연결하여 만든 발판이 계단을 대신한다. 임시방편의 공사 현장에 익숙한 사람들은, 불안하고 가파른 그 임시 계단을 아무렇지 않게 오르내리지만, 보통 사람들이 거기를 오르내리는 일은 용기가 있어야 한다. 현장감독을 하다 보면 어쩔 수 없이 산을 타듯 그 계단을 탈 수밖에 없다. 엉금엉금 기다시피 오르기도 했고, 먼지 가득한 현장의 벽을 더듬더듬 짚고 내려오기도 했다.

　계단처럼 이동의 과정과 장소들은 버려지는 시간과 공간이라고 생각하는 사람들도 있다. 자리를 많이 차지하는 풍성한 계단이 우리 주변에서 사라지는 대신, 평범한 사람들의 기억 속에는 아파트의 엘리베이터, 학교의 중앙 계단, 할인점의 경사 에스컬레이터, 무대와 운동장 연단의 계단만 남았다. 그래서 사람들은 오르내리는 일의 재미와 경험을 잊어버렸고, 고단함과 권위의 기억으로만 그 장소와 시간은 새겨져 있다.

　우리는 대부분 단층 건물이나 아파트에 살아왔다. 2층짜리 주택에서도 위채는 세를 내주고, 덤으로 얻은 옥상이나 다락방은 늘 가파른 계단이나 사다리로 오르내렸다. 일상 환경 속에서 풍요로운 관계를 만들어주는 계단과 그와 연관된 서정적 경험이 많지 않았다. 그래서 계단이 차지하는 공간이 단지 버려지는 공간이 아니라는 것을 사람들에게 설명하기가 쉽지 않았다. 건축대학에서 공간의 설계를 가르치는 과정에서도 학생들에게 계단의 감성과 기술을 가르치기 어려운 이유는 그 아름다움에 대한 경험이 약했기 때문이다. 어떤 계단이 아름다운 계단이고, 그것은 어떻게 만들어질까? 만약 우리 집과 사무실과 학교에 아름다운 계단이 있다면 일상은 조금 더 행복해질까?

사람에게 자의식이 생기는 순간부터, 공간은 존재의 중요한 조건이 된다. 우리 자신의 행동과 생각을, 공간을 떼어놓고 생각할 수 없다. 그러므로 우리가 사는 곳의 아름다움을 이해하게 되면 삶의 새로운 문이 열릴 것이다. 건축의 기술과 복잡한 아름다움은 공간적 요소마다 집약되어 있다. 건축은 그저 우리를 보호하고 이동을 돕는 장치로서 끝나지 않는다. 더 숭고한 목표를 의식하게 한다. 건축을 건축이게 하는 것은 바로, 사람과 환경을 대하는 우리의 자세를 변화시키고, 인간의 심성을 어루만지고, 만들고 지키는 사람의 자부심을 키워주는 아름답고 정교한 공간이다. 허투루 짓지 않고, 노련하게 설계하고 정교하게 만든 계단은 그 의도에 가장 가깝다.

첫 단과 난간 이음

 계단의 공간적 조건은 무엇일까? 시작하는 부분과 도착하는 부분 그리고 빛, 이 세 가지는 필수 조건이다. 어디와 어디를 연결하는 것인가? 계단 앞에 선 사람의 첫 번째 질문이다. 관계성은 계단의 핵심이다. 계단은 누구나 이야기하지만 그 구조와 잠재력은 감추어져 있다. 우리는 마치 영화처럼 집을 설명하기를 즐긴다. 흐름이 있는 이야기로서 건물 내의 여행은 계단 주변에서 풍부해진다.
 정 소아과의 계단은 매우 완만해서 그 계단을 올라가는 정교수님이 마치 미끄러지듯 오르내린다는 생각이 들었다. 마치 슬로모션을 보는 것 같았다. 근래 본 계단 중에 가장 우아했다. 반들반들 잘 닦인 계단판과 손잡이, 정교한 목공보다 더 중요한 것이 그 계단에 있었다. 높이, 크기, 빛, 재료, 디테일 모두 잘 설계된 계단이었다. 현관문을 열고 들어서니 계단의 첫 몇 단이 가장 먼저 눈에 들어왔다. 첫 번째 단은 늘 특별하다. 크든 작든 계단의 첫 번째 단은 방향의 전환점이고 호흡을 가다듬는 곳이다. 가끔 어떤 집에 들어서면 계단의 방향과 첫 번째 단의 방향이 서로 다른 곳이 있다. 여기가 그렇다.
 현관과 나란한 방향으로 우리가 오를 계단의 첫 단이 놓여 있지만 큰 계단으로 오르려면 90도로 몸을 틀어야 한다. 그래

서 계단의 시작점에서 세 번째 단까지는 삼각형 모양의 계단판이 계속 생긴다. 난간은 자연스럽게 왼쪽에서 오른쪽으로 옮겨 가고 어느새 우리는 계단의 방향을 따르고 있다.

이렇게 방향 전환을 분명하게 말하는 나침반 같은 첫 번째 단이 있는가 하면, 화려한 홀의 주인공으로 서 있는 계단의 첫 번째 단들은 마치 화려한 드레스의 늘어진 아랫자락 같다. 오페라하우스의 계단 첫 두 단은 그 폭이 계단 폭보다 커서 난간 밖까지 뻗어 있다. 첫 단이 가장 크고 올라갈수록 폭은 점점 줄어들며, 삐져나온 모서리가 둥글게 다듬어져 있어서 더 그렇게 보인다. 우아하고 압도하는 계단의 시작점들이, 계단을 거쳐 의미 있는 공간으로 들어가려는 사람의 어깨에 자부심과 기대를 싣는다.

계단은 우리 몸의 특성과 건축의 속성을 보여준다. 건축의 고전에서도 계단의 치수는 명확했고, 인체 치수와 그 비례로 계단의 기준은 설명되었다. 계단판의 깊이는 30센티미터, 한 단의 높이는 15~17센티미터, 난간 손잡이의 높이는 85~90센티미터 등, 모든 치수는 인체의 치수와 운동 역학으로 정리된 것들이다. 박석우 시인은 계단을 "계산적인 장치"라고 말했다(《계단을 사색함》). 이 계산 밖에 있는 것이 바로 첫 번째 단이다.

첫 단은 얼마나 자유롭고 아름다울 수 있는지 모른다. 자연스럽게 첫 몇 단을 따라 오르다 보면 몸의 방향은 뚜렷해진다.

반들반들한 계단판에 하얗게 빛이 맺히면서 우리는 그 빛을 찾아, 바닥에서 고개를 든다. 이 계단은 여느 계단보다 훨씬 길지만 우리를 천천히 오르내리게 한다. 계산적인 장치로서 계단을 말했지만, 계산식 속에서 각각의 요건들은 절대적이지 않다. 사람의 이동 속도는 시간과 거리의 관계로 만들어지고, 속도에 대해 거리와 시간은 서로 종속적인 관계를 맺고 있다. 하지만 건축에서는 거리를 의도적으로 늘리거나 줄이고, 이에 종속되지 않는 별도의 방법으로 또다시 시간을 연출하면서 이동 속도가 조정된다. 계단이 생기면 평면의 균형이 깨지고, 그 근처는 각자의 마음에 새겨지는 장소가 된다.

한편, 계단의 기울기는 거리에 관계된다. 완만한 계단은 이동 거리를 의도적으로 길게 만들어 속도를 늦춘다. 그야말로 기분 좋은 지체. 이렇게 완만하고 빛이 가득 찬 계단 위에 서면 우리는, 건축이 시간과 감각을 조정하고 있다는 느낌을 받는다. 정 소아과 계단 한 단의 높이는 10센티미터가 채 안 된다. 평소 우리가 오르내리는 계단의 높이는 16~17센티미터다. 각 단이 여느 계단의 그것보다 낮다 보니, 2층으로 올라가기 위해서 단 수가 많아졌고 계단 전체의 길이는 당연히 길어졌다. 난간이 만들어내는 사선은 훨씬 완만한 데다가 길이까지 더욱 길어졌고, 계단참에서도 끊어지지 않고 다시 이어진다. 이 사선은 위쪽 계단으로 사라진다.

실제 계단을 그리고 직접 만들어본 사람만이 아는 어려움이 있다. 서로 반대 방향으로 기울어진 두 면이 한곳에서 서로 만나야 하기 때문에 특별한 기술이 필요하다. 계단을 이루는 많은 요소들이 그 만남의 지점에 모두 관여되어 있다. 우선 오르내리는 두 계단의 골조는 평면의 한 점에서 만나지 않는다. 서로 다른 거푸집을 대고 만들어지므로 거푸집을 해체하고 나면 그 사이에 간격이 조금 생긴다. 이 부분을 자연스럽게 마감하는 일은 참 어렵다. 그리고 서로 대칭인 계단에서 올라가는 난간과 내려오는 난간은 같은 높이에서 만나지 않는다. 계단판을 같은 선에서 만나게 하려면, 각각의 난간을 계단 한 단의 높이 차이로 만들어야 한다. 어떤 건축가들은 이런 계단을 설계할 때 난간이 어색한 것을 피하기 위해서, 이 둘 중 한 단을 앞으로 당겨내어 난간을 평면상 똑같은 점에서 만나게 한다.

  올라가는 난간과 내려오는 난간을 연결하는 부분을 난간 이음이라 하고, 손잡이를 '손 스침'이라고도 한다. 우리의 손길은 그 선을 따른다. 정 소아과의 난간 이음은 다른 나무 조각으로 맞추어져 있다. 입체적으로 휘어져 있는 연결부는 3차원으로 상상하지 않으면 만들 수 없다. 난간이 매우 두껍고 여러 선들이 겹쳐져 있어서 당시 목수들이 현장에서 나무를 여러 번 대며 휘고 연결하는 수고를 했을 것이다.

  난간 이음은 너무 꼭 맞아도 안 되고, 너무 헐거워도 안 된다.

위 난간과 아래 난간의 나무 손 스침은 계절을 지나면서 폭과 두께가 서로 다르게 늘어나거나 줄어들기 때문이다. 요즘 건축 자재 판매상에서는 기성품처럼 난간과 이음 부분을 만들어 판다. 기술자는 점점 사라지고 있고, 우리의 손길을 멈추는 계단과 난간을 만나는 일은 귀해졌다.

사실 자연에서 얻는 재료들은 시간과 공기와 물을 거치면서 모두 변화한다. 건물에 쓰이는 나무들의 적정 함수율은 20퍼센트 미만이다. 이 상태를 우리는 나무가 건조되었다고 표현한다. 28퍼센트가 넘으면 나무는 썩기 시작한다. 완전히 건조된 나무보다 물을 품어 적당히 건조된 나무가 잘 썩지 않는다. 원래 나무 안에 있던 물구멍이 건조를 통해서 좁아질 뿐이다. 나무는 그 빈 공간을 통해 스스로 습기를 품기도 하고 내뱉기도 한다. 틈이 있어야 나무가 잘 자라므로 나무 심을 때 흙을 꼭꼭 채우지 않는 것과 마찬가지로 나무 계단에는 바람이 도움을 준다.

재료는 자연 속에 스스로 살아 있을 때 가볍고 부드럽고 유연하다. 그러나 땅에서 분리되어 인간에게 사용되는 그 순간부터 물질의 본성은 약점으로 돌변한다. 만만치 않은 재료들 각각의 본성을 지키면서도 서로 연결하기 위해서 건축가는 결합의 지속성에 대해 숙고한다. 이 결합을 어떻게 해석하고 건축적으로 해결하느냐는 건축가의 스타일뿐만 아니라 그 집은 어떤 집인가 하는, 그곳에 사는 사람의 철학으로 이어진다.

과정의 계단과 목적의 계단

정 소아과 촬영 다음 날, 전영애 시인을 만나러 여주에 갔다. 시인은 허름한 옛집을 빌려 시를 써왔던 동네에 땅을 사서 한옥을 짓고 '여백서원'이라 이름 붙였다. 건축가는 사물의 구조를 살피듯이, 시인은 모든 사물 속에 의미를 심어준다. "주중에는 미친 듯이 일을 하고, 주말에는 마지막인 듯 여행을 했다."(전영애, 《시인의 집》) 사소한 문장도 그냥 흘려보냄 없이 우리를 긴장시키면서도, 이름을 붙여준 나무들이 더 잘 자란다고 믿는 순진함을 시인은 감추지 못한다. 하지만 건축가는 그렇게 할 수 없다. 건축가는 서정을 만드는 사물의 본성과 인과성을 말해야 한다. 뛰어난 재주를 부여받았다면, 합리적인 언어와 추상적인 공간만으로도, 그의 건축은 사람들에게 어떤 결심과 감정을 만들어낼 것이다.

시인의 책장과 서원의 공간이 궁금해 임채혁 편집자와 길을 나섰는데, 거기서 뜻밖의 건축을 만났다. 시인은 정자를 짓고, 숲을 가꾸고, 괴테의 길이라 이름 붙인 오솔길도 만들어 길목마다 시를 새겨두었다. 오솔길과 이어진 가파른 언덕 끝에는 3층짜리 전망대가 있었다. 특별한 설계도 없고 집주인과 동네 기술자의 머릿속에서 그려진 대담한 건축이었다. 아연도 각 파이프는 녹이 잘 슬지 않고 용접이 쉽고 값이 저렴해서 동네 기술자가 기본 구조로 제안했을 것이다. 무늬 강판은 바닥판의 요철 덕분에 잘 미끄러지지 않으니 계단판으로 적절했을 것이고, 샌드위치 패널은 비와 뜨거운 빛을 막아주는 역할뿐만 아니라 파노라마의 기준이 되기에는 가장 간단한 지붕 자재였을 것이다.

  3평 남짓한 전망대 한 층의 높이가 3미터이고 계단은 열두어 단에 불과하니 아주 가파른 계단이 세워졌다. 챌판(계단의 디딤판과 디딤판 사이에 수직으로 댄 판)과 계단참이 없는 계단이라 오를 때 아찔한 느낌이 더했다. 마치 사다리를 오르듯 우리의 몸은 계단과 나란히 기울어졌다. 계단을 오르고 균형을 유지하기 위해서 사람들은 부분적으로 난간에 의지하고, 난간과 난간 벽에는 지지하는 힘이 걸린다. 이렇게 가파른 계단에서는 마음이 급해지고 난간을 부여잡은 손에는 힘이 들어간다.

  시인에게는 높이만이 중요했다. 과정과 목적 중 목적을 분명히 택했던 계단의 건축이, 힘들게 오른 우리에게 보상한 것은 마음의 '조감'이었다. "우리는 너무 좁은 마음에 갇혀 살아요. 그래서 마음의 조감이 필요해요."

  완만한 계단은 우리의 걸음을 늦추고, 가파른 계단은 우리를 주저하게 한다. 나는 계단을 달리기와 산책에 종종 비유한다. 시간의 흐름과 여정의 아름다움을 알려주는 것이 건축의 본질이므로, 할 수만 있다면 우리가 건축 안에서 이동하는 일이 달리기가 아니라 산책이기를 바란다. 목적만을 위한 시간 경주가 아니라 호기심이 가는 대로 멈추고 나아갈 수 있는 곳이 계단이다. 그래서 각 부분들의 생김새와 크기는 계단 위에서 움직이는 사람의 감정과 속도를 조절한다. 한 단의 깊이가 큰 계단은 매 걸음 그 위에 멈추게 되지만, 깊이가 얕은 계단에서는 발끝으로 디딜 수밖에 없어 뛰는 듯한 느낌이 든다. 폭이 좁은 계단은 홀로 오르게 하지만, 폭이 넉넉한 계단은 누군가를 만나게 한다. 계단을 오르는 이에 대한 보상처럼, 만남과 빛과 경치는 그곳에서 우리를 기다린다.

계단의 한가운데로 오르내리는 사람은 거의 없다. 대범하거나 무심한 사람이 아니면 대부분 어느 한쪽으로 치우쳐 이동한다. 그래서 붙잡고 의지할 손잡이나 기댈 벽이 필요하다. 계단 난간을 받치는 첫 번째 기둥을 엄지기둥, 그 위의 장식을 머리장식이라 한다. 손을 얹고 따라가는 난간대를 받치는 기둥들을 난간동자라고 한다. 기둥 없이 사선으로 벽에 고정된 금속 혹은 목재 난간도 있고, 마치 난간이 없는 듯이 유리로 만들어진 것도 있다.

평평했던 공간이 기울어지고 수평적이었던 삶과 시선은 변화한다. 높이를 가늠하게 했던 천정이 사라지고 공간의 끝이 어딘지 기준 둘 곳이 없다. 계단은 독립적이면서도 변화무쌍하다. 난간은 사람들을 안전하게 보호하고 오르내리는 동작을 도와주는 기능이 분명하다. 건축적으로는 여기서 여러 요소들 사이의 분절을 피할 수 없다. 건축의 일관성은 이런 부분에서조차 자연스러운 연결과 독립적 장식 사이에서 고민하게 한다. 사실 건물을 이루는 각 부분들을 하나하나 살펴보면, 전체의 인상 속에서도 당당하게 자신의 존재를 드러내는 것들을 발견할 수 있다. 사람이 오래 살았던 집의 구석구석 카메라 렌즈를 대보면, 모든 사물은 각자 존재하는 동시에 전체성을 향해 나아간다는 것이 이해된다.

부산 초량동에 있는 옛 백제병원은 1922년에 지어졌으니 거의 100년을 살아온 셈이다. 처음에는 병원으로 지어졌지만, 중국집으로, 일제강점기 때는 장교 숙소로, 이후에는 치안대 사무소, 중국 영사관, 예식장으로 사용되었다. 한 세기 동안 셀 수 없는 사람들이, 환자들, 음식점 손님들, 일본 혹은 우리 군인들, 하객들이 이 난간을 쓰다듬고 오르내렸을 것이다. 방들은 건물의 변신에 맞추어 여러 모양으로 칸막이와 장식을 바꾸어왔지만, 계단과 난간과 창살과 문틀은 오래도록 자신의 모습으로 살아남았다. 장식이 새겨진 엄지기둥, 계단의 목재 색깔, 난간대의 크기와 간격, 계단참의 창문과 창살은 건물 전체에 흐르는 일관된 미학을 자신 안에 담고 있었다.

건축가가 지은 집인지 알 수 있는 증거들이 있다. 길과 건물의 관계를 의식하여 땅의 적절한 위치에 놓인 집, 길에서 집 안

까지 들어오는 과정을 섬세하게 설계한 집, 공간의 짜임새가 기능적이면서도 각 공간마다 경치가 다른 집, 동선과 공간을 구분하면서도 완전히 닫힌 공간이 없는 집, 재료와 재료가 만나는 곳을 허투루 마무리하지 않은 집이 좋은 집이다. 구석구석 일관된 미학이 흐르는 집, 이것이 핵심이다.

건축은 일관성을 향해 나아가며, 기능이 뚜렷한 요소라도 본연의 기능과 전체성의 미학을 함께 의식하고 있다. 그리고 어느 순간부터 이 모든 것은 통합되어 각 부분들은 분리가 불가능해진다. "어떤 요소도 (그것이 매우 장식적인 것으로 알려져 있다 해도) 단 하나만의 역할과 기능을 가진 것은 없다. 그것을 떼고 다시 전체를 보면 잘 알 수 있다. 구조와 기능에 전혀 영향을 주지 않는 장식이었다 하더라도 그것은 이미 전체에 통합 이미지를 이루고 있었으므로 그것이 없던 상태로 돌아가지 못하게 하기 때문이다."(에드워드 R. 포드,《건축의 디테일》) 계단의 각 요소는 건물 자체의 축소판이면서도, 본연의 기능과 충돌하지 않는 자신만의 서정을 담고 있다.

나는 건축의 요소 중에서 계단만큼 직관적이면서도 신비로운 구축은 없다고 생각한다. 계단은 어떤 모양인지, 계단의 크기와 요소는 무엇인지, 무슨 재료로 만들어졌는지에 대한 답은 중요하지 않다. 어디와 어디를 연결하는 것인가? 우리는 어떻게 이동하고 그 과정에서 어떤 감각을 느끼는가? 건축의 일관성과 우리의 서정은 어떻게 만나는가? 사물에 어떤 감정을 느끼는 것, 그로 인해 그 사람의 감정이 풍부해지는 것, 이러한 감정을 표현하는 것을 서정抒情이라 한다. 이와 달리, 건축은 가장 정확한 결합과 전체적인 질서를 의식한다. 그래서 성숙한 사람에게 일관성이란, 어느 부위, 어느 문제에 대해 항상 동일한 형식을 대입하는 일이 아니다. 성숙한 사람은 형태와 구조가 달라진다 하더라도 더 큰 그림을 읽는, 내재된 일관성을 찾고자 한다. 기계적인 동일성을 일관성이라 생각했던 자신의 경솔함을 인정한 뒤, 외연을 꿰뚫고 태도나 방법의 원리를 찾는다.

합리주의는 항상 동일한 해답을 적용한다는 것을 깨달았다. 이것은 나에게 큰 상처가 되었다. 그래서 집이나 건물은 사람들에게 내재한 자연스러움과 더 관계되어 있다는 생각을 건축에 담기 시작했다.

― 에드워드 R. 포드, 《건축의 디테일은 무엇인가?》

《새천년을 위한 여섯 가지 메모》에서 이탈로 칼비노는 마지막 정의를 끝내지 못하고 세상을 떠났다. 밝고, 빠르고, 정확하고, 잘 보이고, 복합적이라고 밀레니엄을 정의한 칼비노가 마무리하지 못한 마지막 단어는 일관성consistency이었다. 살아가는 공간 속에서 인간성을 회복하고 사색적인 사람이 되려면, 자연스럽다는 것의 진정한 의미를 이해하고, 말과 행동을 일치시키면서 자신의 환경과 대등하게 살아가면 된다. 자신과 타인의 공간에 대해서 모든 것을 알고 사는 일은, 인생의 참다운 목적과 인간의 모순을 이해하고, 스스로의 삶을 변화시키는 과정이다. 인간과 마찬가지로 공간의 본질은 움직임을 거쳐야만 이해될 수 있다.

느린 계단

육체의 조건 그 유한성은
계단의 가장 큰 저항이자
잠재력이다.

움켜쥐는 손잡이의 높이와 감촉,
맨발에 닿는 온도와 질감,
호흡을 고르는 지점에서의 바람과 경치,
비로소 고개를 들어 올려 발견한
그 너머의 공간.

계단이 완전히 우리에게 잊히고
어떤 감상에 사로잡히는 순간,

건물을 건축적으로 만드는 것은 바로,
시간의 조정이라는 것을 느끼게 될 것이다.

계단은 장치 이전에 사유이며,
속도를 정의하는,
시간과 거리의 관계를 조정한다.

창의

모순

쓸쓸하게 살고 있으면서도
여기저기 그 어디든 끼어보고 싶어 하는 사람,
하루의 시간이나 날씨, 직장 사정의 변화 따위를
생각하면 그만 그 어느 것이든,
매달릴 수 있을 팔이 보고 싶기만 한 이
그는 골목으로 난 창 없이는
오랫동안 그렇게 지내지 못할 것이다.

— 프란츠 카프카, 〈골목길로 난 창〉

단 한 장면만을 위한 집

결과나 목적에서 자신을 가늠하는 사람보다, 그 과정에서 새로 발견한 것들로 일상을 쌓아 특별한 것을 이루는 사람을 우리는 현명하다 말한다. 하지만 건축에서는 지난했던 과정은 다 잊힌다. 결과물만 남아 다시 생명을 가진다. 일의 모든 과정과 모든 공간이 다 아름답고 이야기할 만한 가치가 있는 것은 아니다. 한 장면의 건축이, 꼼꼼한 과정의 완수, 수많은 요소의 나열, 문학적 묘사 등 이 모든 것을 압도할 수 있다. 마치 광란처럼 집 위에 또다시 집이 지어지고, 자연, 인류애, 도시, 공간을 말하는 이야기들이 우리의 책장을 다 삼킬 듯 풍족하지만, 거대한 담론에 비해 공간과 건축은 인간과 현실에 대해 등을 돌리고 있는 것만 같다. 사람들이 노래와 사진 속에서 발견하듯, 일상의 공간에서 현실의 슬픔을 이겨내는 방법은 없을까?

글이라면, 무심히 넘기던 손길을 멈출 수 있는 한 문장이 있어야 하고, 건축이라면, 우리의 걸음을 멈추고 숨을 가다듬게 하는 아름다운 공간이 꼭 필요하다. 모두 어딘가에 홀린 듯 자신의 집을 옮기고 다시 짓지만, 마음을 사로잡는 한 장면이 담긴 집은 드물다. 지금 막 눈앞에 멈춘 한 장면은, 나 자신과 관계된 무엇으로 오래 남는다. 공간은 현재뿐만 아니라, 우리의 추억과 몽상 속에서도 가장 중요한 배경이다. "경주마는 달리기 위해 생각을 멈추지만, 야생마는 생각하기 위해 달리기를 멈추네."(에릭 시노웨이 외, 《하워드의 선물》) 우리의 집에서도 일과를 놓고 잠시 멈추는 공간, 창 앞에 서서 사색의 우주를 그릴 수 있다.

인간 실존과 냉엄한 현실을 이야기한 문학가 중 평생 자신의 동네를 벗어나 살아본 적 없는 이들이 있었다. 여행과 체험이야말로 문학가의 공통 자양분인 것은 확실하지만, 한 자리를 떠나지 않고 응시하고 몽상하는 것만으로도 독특한 상상력은 무궁무진했다. 프란츠 카프카는 일생 동안 프라하 시청 주변을 벗어나지 않았으며, 시인 윌리엄 워즈워스는 코커머스라는 작은 도시에서 평생을 살았다. 건축가 중에서도 한 집에서 몇십 년을 산 사람들이 꽤 있다. 나는 건축대학을 다닌 파리에서 5년간의 생활을 제외하곤 평생 대구의 한 동네를 벗어난 적이 없다. 우리의 인생이 그렇다. 아주 멀리 날아갔다 돌아와도, 우리는 여전히 작은 궤도를 맴돈다. 하지만 가장 멀리 갔던 그 기억과 현재의 대비만으로도 우주와 심연을 체험한다. 인간에게 내재한 자유는 바라본 세계가 아닌 재구성된 세계, 자신 안에서 가장 활발하다.

시간을 아주 짧게 나누면 무한에 가까워지듯이, 창으로부터의 관찰은, 각자의 좁은 집 안에서도 광대한 도시를 꿈꾸는 것과 무한대의 그리움을 가능하게 한다. "마차, 소음 그리고 그로써 인간적인 융화에로 잡아끄는 것"(〈골목길로 난 창〉)은, 길로 난 창문에서의 응시였다. 길에서 보면 비슷비슷한 삶의 모습이 창으로 배어 나오지만, 나의 창에서 바라본 것들은 각자의 상상 세계로 나를 이끈다. 창 안팎에 존재하는 차원과 스케일의 모순을 각 인간의 일상 언어로 표현한 것이 문학일지도 모른다. 소음을 혐오하면서도 창을 열어 시선을 던지는 일로 상념은 시작되었고, 위대한 이야기는 그렇게 피어났다.

타인과의 관계에 대한 정의와, 존재의 본질에 대해 자문하여 답을 구하는 일도 창 앞에서 가장 활발했다. 변방에 사는 이들은, 이동의 노고와 기다림의 시간을 거쳐 성찰에 다가간다. '여행'의 창 앞에서는, 현실의 공간과 시간으로부터 완전히 분리되어, 움직이는 풍경을 몇 시간 감상하는 것만으로도 새로운 사람이 되는 것 같다. 철학자들과 몽상가들이 자신의 집 안에서 얻은 결정적 발상과 감상은, 비움을 느꼈을 때와 창 앞에 섰을 때 태어났을 것이라고 나는 확신한다.

프랑켄슈타인이 창문을 통해 드디어 인간의 삶을 들여다보게 되었을 때(메리 셸리,《프랑켄슈타인》), 겨울밤 눈보라가 창유리를 무섭게 때리는 순간, 적막 속에서 공간을 드디어 깨달았을 때(하이데거), 집을 세운 네 개의 벽에 둘러싸인 한 줌의 공기, 비움을 알아차릴 때(예니 에르펜베크,《그곳에 집이 있었을까》), 감옥 속에서 글을 쓰며 타인의 노예로 살아온 삶을 회한하며 이제는 드디어 나 자신의 일을 하지 않으면 안 된다(가네코 후미코,《무엇이 나를 이렇게 만들었는가》)고 자각하는 순간처럼, 인간의 삶에 대한 깊은 공감으로 자의식과 나의 공간은 다시 태어난다.

사람들은 자신의 집에 대해 이야기할 때, 큰 것에서부터 작은 것으로, 밖에서부터 안으로, 도시에서부터 우리 집으로, 이렇게 펼쳐나간다. 그다음 집 안으로 들어와, 가장 크고 잘 보이는 것들, 방, 벽, 창, 가구 등 이렇게 설명을 덧붙인다. 나의 삶을 말하는 대신, 내가 사는 집, 내가 다니는 학교와 회사, 간혹 들르는 백화점이나 박물관 등 공간에 대해 말한다. 공간이 정확히 무엇을 의미하는지 혼란스러운 상태에서도 이야기를 멈출 수 없다. 집의 제1요소는 벽이 아니라 그 벽들이 만드는, 비워진 공간이다. 벽 없이, 비어 있음은 드러나지 않는다. 마치 진공의 상태를 거쳐야 공기를 느끼는 것처럼, 공간 역시 둘러싼 무엇이 없다면 드러나지 않는다.

방을 가진다는 것은 무언가를 세우고 물건들로 채울 벽을 갖는 것이 아니라, 벽으로 만든 비움을 알아채고 그 안에서 자유와 사색을 누리는 일이다. 그때, 건물과 공간에서 행동과 감상으로 참여한 기억이 겹쳐져야 자신의 말을 할 수 있다(앙드레 바쟁, 《영화란 무엇인가》). 건물의 재료와 크기의 문제가 아니라, 자신과 직접적으로 관련된 사건으로 공간을 말하는 일이 더 의미 있다. 창은 반드시 벽과 함께 말해야 한다. 그리고 창 앞에 서야만, 자연과 인간의 시계에 맞추어 찾아오는 상념의 손님을 만날 수 있다.

중복된 우주

훌륭한 건축가는, 건물의 얼굴과 창문을 디자인하지 않는다. 벽의 어디를 열 것인가를 먼저 생각한다. 그래서 예쁜 창이라는 말은 적절하지 않다. 창은 홀로 존재할 수 없다. 그래서 창에 대한 이야기들이 창을 전혀 말하지 않을 때가 많다. 경치나 사람이 그 안팎에 없다면 창이라 부르기 망설여지고, 빛과 공기를 담당하지 않고는 창으로 이해받기도 어렵다. 자신을 통해 투과한 빛을 벽 어딘가에 잡아두고, 공기가 서로 흘러 바람을 만들 때까지, 창은 완성되지 못한 상태에 머무른다. 그리고 건축가는 내부와 외부를 설명하기 위해서, 원심적 생활 방식과 구심적 생활 방식으로 집을 양분하지 않는다. 건물은 밖에서 보는 것인가 아니면 안에서 생활하는 사람들의 것인가로 구분하지 않는다(《기호와 현대 예술》). 건축의 외면은, 내면을 가장 진솔하게 반영한 것일 뿐만 아니라, 독립적인 원리를 따를 수 있음을 이해하고 있다.

 동일한 원리를 서로 따를 때 우리는 이것을 하나라 부른다. 하나의 건물에 해당할 수도 있고, 거리 혹은 동네, 도시에 해당할 수도 있다. 나는 건축을 말할 때, "중복된 우주"라는 로완 무어의 표현이 참 적절하고 훌륭하다고 생각했다(《우리가 집을 짓는 10가지 이유》). 어떤 공간을 차지하고 그곳에 정착하고 종속된 삶이라 하더라도, 현대인은 어느 정도 자발적 유목민이다. 소유하지 않고서도 어떤 장소와 시간에 걸쳐 주체적으로 머무를 수 있는 장소와 방법을 알고 있고, 벽을 치지 않고서도 자신의 공간과 타인의 공간을 분리하는 법을 터득했다. 어떤 영역을 인식하지만 전유가 아닌 감상만으로도 만족하고, 질서를 의식하면서도 완전히 종속되지 않을 수도 있다. 각자의 섬으로 분리된 우리들이 어느 부분에 있어서 서로 중복된 우주를 형성하도록 허용한 것이 바로 건축이고 공간이다. 사람은 공간 위에서 만 실제로 서로 겹쳐진다.

하나의 집에서 창들이 따르는 규칙은 건축의 원리, 구조와 구획의 원리다. 대체적으로 건물 고유의 구조와 구획의 분절에 따라서 창은 뚫린다. 그러나 조금 더 멀리 물러나 바라보면 건축이 모여 만든 거리와 도시의 창들은 통일성과 조화로움으로 어떤 질서를 공유하고 있는 것만 같다. 시의 운율이 생성되는 것처럼, 구성을 지배하는 형식의 틀로서 도시의 외관에 이미 던져진, 창과 문의 운율을 우리는 강력하게 의식한다.

운율韻律은 소리와 위치에 관한 것이다. '운'은 같은 소리 혹은 비슷한 소리의 반복을 말하고, '율'은 소리의 고저, 장단, 강약 등 규칙성을 뜻한다. 운율을 만드는 방법은 누구나 알고 있다. 위치와 음을 반복하거나, 구조를 일치시키거나, 풍부한 표현을 시에 추가하면, 시를 읽는 것만으로도 우리의 육체적·정신적 감각들이 깨어난다. 시에서는 눈으로 읽는 소리가 가장 힘이 크듯이, 건물에서는 창과 벽의 관계가 연출하는 흐름이 가장 강렬하다. 이 둘 사이의 자기력磁氣力은 서로에게 미치는 영향의 방향에 따라 일체감과 변화의 두 가능성으로 나아간다.

하나의 거리라고 부를 수 있는 일관된 이미지를 만드는 법칙들은, 창문의 배열에 의해서 의미적으로나 시각적으로 분명해진다. 이것이야말로 창의 본성과 재료에 대해서 우리가 알아야 할 핵심이다. 창이 어떻게 생겼는지 혹은 무엇으로 만들어졌는지 보기 전에, 창이 집과 도시 안팎에서 무엇을 의미하는지, 어떤 원리와 모순에 동시에 속해 있는지 생각해볼 일이다. 창의 운율은 모양과 위치의 관계성에 달려 있고, 시의 주제처럼 그 언어를 직접 표현하지 않아도 전체적인 흐름의 인상만으로도 생활과 각성覺醒 사이에 다리를 놓는다. 창 안팎에서 바라본 세계와 인지한 세계 사이의 거대한 틈으로 흐르는 사색의 풍부함도 그 다리의 일부가 된다.

현재의 건축이 삶의 다양성과 독자성을 모두 담지 못한다 하더라도, 창의 본질은 자신의 공간을 열고 닫으며, 나와 타인, 안과 밖을 정의하는 것에 있다는 사실에는 변함이 없다. 한번 자리 잡으면 가장 확고하고 널리 오래도록 퍼지는 것이 바로 건축의 양식이다. 한 집이 마을을 얼마나 변화시키는지를 보여주는 집도 있다. 뼈가 휘도록 가꾸어야 이루는 집의 기적을 보여주는 집도 있다. 그렇지만 평범한 건물들이 서로 닮아가는 속도는 놀랍다. 강제성보다 더 성실하게 모두의 집에 재빨리 반복된다. 그래서 창은 건물 자체의 성격을 대변한다 해도, 서로 마주하거나 나란한 집들의 창문과 함께 읽어야만 이해 가능할 때가 있다. 창이 삶의 질에 미치는 어마어마한 영향을 생각해보면, 공간의 조건과 삶의 조건은 크게 다르지 않다. 우리는 창으로부터 세상과 나의 관계를 이해하는 통찰력을 키운다. 지나간 경험의 이야기보다 현재 그 경험을 뚜렷이 살고 있는 사람과의 대면이 주는 전율처럼, 창과 벽의 상대성과 상호성은 나의 현재와 깊이 관련된 것이므로 의미가 있다.

자신만의 창

해남의 설아다원은 주인 내외가 형편이 되는 대로 땅을 가꾸며 지어나간 집이라고 한다. 그래서 집을 지을 때마다 창이 달라졌다. 당시 상황에 따라 목수가 만들어주기도 하고, 부부가 직접 나무를 잘라 만들기도 하고, 주변 낡은 집과 공사현장에서 줍거나 얻은 문틀을 자르고 덧붙여 창과 문을 달았다. 자신의 손으로 창을 만든 사람은, 풍경을 보고자 하는 크기와 방향을 먼저 생각하고, 벽을 열고 닫는다. 그리고 앉아서 볼 것인지, 서서 볼 것인지, 누워서 볼 것인지 상상한다. 사각형 틀을 대고 어디쯤 어느 높이쯤 하면 되겠다 생각한 대로, 허공에 틀의 자리를 잡고 남는 부분의 벽을 메워 만든 것이 창문이다. 설아다원의 주인 내외는, 벽을 뚫는 것이 아니라, 구멍을 먼저 정하고 벽을 세워 창을 만들었다. 건축가가 창을 만드는 방법과는 정반대다. 우리는 눈의 위치와 시야의 각도를 알고 있다. 창의 높이와 크기를 조정하는 일은 행동과 시각에 관련되어 있다.

현대적인 부엌에서 눈높이의 공간에는 창이 필수다. 창은 마치 휴식처럼 노동과 함께 있다. 거실에서는 안팎이 이어졌다는 것을 가장 확실하게 표현하기 위해서 창을 바닥까지 내려 경계를 없앤다. 일하는 공간에서 의자에 앉았을 때와 바닥에 앉았을 때 나의 눈높이는 아주 낮아진다. 거기에 맞추어 창을 내면 벽이 만드는 폐쇄감은 더 커진다.

이처럼, 어떤 자세와 의도에 맞출 것인지 고민하여 정리된, 창의 답들이 있다. 모든 집들의 공간과 거기에 속한 창들이 비슷한 원리를 따른다. 사람들은 불편해하기보다는 상황에 맞추어 사는 일에 익숙하고, 선택의 폭이 좁은 데에 오히려 안도하기도 한다. 집 안팎의 풍경이 서로 비슷한 이유 중 창의 역할은 절대적이다. 그래서 설아다원처럼 창들이 제각각인 집을 보면 감정도 풍부해지고 그들의 삶도 궁금해진다. 사랑방 한가운데 서니 벽마다 한두 개씩 뚫려 있는 창과 문은 그 높이와 재료가 제각각이었다. 창이 많은 데다 모양과 크기가 서로 달라서 마치 서로 다른 언어를 사용하는 사람들이 모인 것 같았다. 창을 벽 여기저기 뚫는 일은 얼마나 인간적이고 아름다운가. 자신만의 창을 만드는 일이 거의 불가능해진 지금, 여기서 느낀 묘한 감정은 인간성과 자유로움에 대한 흐뭇함이다. 앉고 서고, 크고 작고, 보이고 보이지 않는 사람들처럼, 공간은 여러 모습을 함께 지니고 있다.

집의 각 부분들은 우리의 손을 떠났고, 창문 제품의 이름과 커튼의 디자인, 그리고 창밖으로 무엇이 보이는지 혹은 보이지 않는지, 이런 것을 제외하면 창에 대해 나눌 수 있는 이야기는 아주 적어졌다. 창을 만드는 일에 관여한 적 없는 우리는, 그저 창 앞에 두꺼운 커튼을 이중 삼중으로 쳐서 벽을 만들고, 유리를 타고 내리는 빗물을 쳐다보는 일에 만족하게 되었다. 공간에서 오로지 시각만 중요해져, 선선한 바람과 강렬한 햇살에 온몸을 내놓거나, 간혹 얼굴로 튀는 물방울을 맞으며, 빗소리를 듣고 싶었던, 유추와 감각에 대해서는 스스로 할 수 있는 일이 거의 없어졌다. 웅장한 음악이 우리에게 선사한 용기처럼, 건축이 우리에게 알려준 자연과 추상에 대한 경이로움으로 가는 길을 잃어버렸다.

창 주위에는 장소가 만들어진다. 나의 창가는 매우 중요하고, 우리는 창을 통해 나의 사람과 나의 집을 찾는다. 반대로 외면으로부터 창이 하고 있는 일은, 안과 밖의 관계를 보여주고 그것을 설명해주는 것이다. '저기에는 사람이 살고 있다, 여기와 저기는 이어져 있다, 여기는 개인적 공간이고 저기는 많은 사람의 공간이다, 여기는 나의 공간이니 당신은 들어올 수 없다, 이 집과 저 집은 똑같다 혹은 서로 다른 집이다, 더 다가오지 말고 거기에 서서 바라보아라.'

창들을 찬찬히 훑어보고 귀를 기울이면, 창은 이런 식으로 그

크기와 위치와 모양과 색깔로, 세계의 안과 밖, 나와 타인의 관계를 말해준다. 문이 사람이었던 것처럼, 창도 사람이다. 창의 모순은 여기에 있다. 창은 안인가 밖인가? 안과 밖의 구분에서 창은 그 예리한 구분의 단면이다. 안의 기능을 담고 있지만, 밖의 질서의 기준이기도 하다. 그래서 마치 다중 언어 사용자처럼, 각 언어 사이에 막혀 있는 통로를 스스로 돌파하며 우리가 가진 상상력과 통찰력을 더 키우라고 말하는 것 같다.

언어를 잇는 다리를 짓는 일은, 자신이 가진 모든 것, 경험과 표정과 행동까지 망라하여, 언어와 언어가 작동하는 방식에 대한 지식을 스스로 쌓게 한다. 집도 그렇다. 창을 사용하는 행동과 감각, 집의 다른 부분과 창을 연결하는 지혜를 통해서 우리의 삶과 현재의 공간이 합쳐진다면, 창이라는 단어는 점점 잊혀도 괜찮다. 이상향은, 숨 막히게 아름다운 자연이나 완벽한 조건의 환경, 물질적 풍요로움이 만드는 것은 아니다. 극복할 수 없고 불완전한 '시간'과 자아의 개념을 다스릴 때 자신의 공간 안에서도 우리는 이상향을 만날 수 있다. 그리고 창 앞에서의 사색과 상상을 통해, 어떤 상황에서도 대범함과 평온함을 잃지 않고, 기꺼이 공간과 시간의 일부분이 되어 현재를 살아간다.

창의 기술

건축의 혜택을 누리는 보통 사람들에게 창과 문은, 자신의 공간 내부에서만 큰 의미를 가진다. 건축가는 반대로 어느 쪽에서도 확신을 갖지 못하고, 창 안팎에서 속절없이 흔들린다. 한 건물이 풍기는 총체적 이미지에 연연하면서도, 마치 인간의 표정처럼, 창은 내면의 반영이라는 인본적 인식으로부터 자유롭지 못하다. 그럼에도 불구하고 건물과 공간은, 모든 사람이 어떤 학습 없이도 자연스럽게 받아들이는 기호다. 조각이나 그림과 달리, 제대로의 건축으로 사회적 인정을 받으려면 벽과 창의 분절을 거쳐야만 한다. 건물의 밖에 서면 이 도시에서 자주 중복되는 것이 무엇인지 알 수 있다. 그것이 바로 도시나 건축을 확실히 규정하는 요소다. 한 사람, 하나의 창, 하나의 방, 하나의 집, 하나의 도시는 이렇게 만들어진다.

창은 무형의 질서, 암묵적 약속이었다. 창은 쉽게 따라 할 수 있는 언어, 가이드나 지휘자가 없어도 따라 할 수 있는 언어였기 때문에 오랫동안 한 지역의 건축과 도시가 만드는 일체성의 결정적 특성이었다. 창 모양이 같은 집, 창 크기가 비슷한 집, 창틀의 재료와 유리의 색깔이 다른 집, 이런 식으로 전체와 개체는 통합되면서도 미세하게 드러났다. 공동체로의 통합을 추구한다면, 일단 유사한 지붕과 창을 가지면 되는 일이었다. "중

복된 우주"처럼 어느 동네, 어느 집, 어떤 건물에 이유도 없이 무미건조한 방식으로 계속 반복되는 것들, 사람의 손길이 덧입혀질 때마다 아주 미세하지만 분명 변화하는 벽과 창의 관계와 디테일의 특성으로부터 읽어낼 수 있는 것이 아주 많았다.

　우리는 창의 변화로부터 각 시대의 기술적·사회적 특성들을 해석했다. "개구부開口部의 외향적 측면은 어떤 특권에 의한 요구 조건을 맞춘 것이기에 공공적인 성향이 내재되어 있다고 볼 수 있는 반면 내향적 측면에서 보면 사적이고 긴밀한 특징을 갖기 때문이다."(플로리안 무소 외,《파사드 개구부의 기초》)

　《중앙일보》1995년 2월 17일자에 '창문도 이제 개성시대'라는 기사가 실렸는데 당시 창문의 변화를 주도하는 몇 가지 특징을 나열했다. "다양하고 미려해진 디자인, 계폐 방식의 변화, 향상된 기능, 소재의 다양화." 이 기사는 날짜만 바꾸어서 오늘 개재되더라도 유효할 것이다. 우리는 여전히 건축적으로 같은 시대를 살고 있는 셈이다.

　창문은 그 서정성만큼이나 건축 기술에서 많은 것을 담고 있다. 창의 문제는 무게와 물에 관한 것이다. 벽에 구멍을 내었으니 이 부분의 위쪽에서 내려오는 벽의 무게를 감당해야 하고, 건물의 얼굴을 타고 내리는 물이 창 쪽으로 들어오는 것을 최대한 막아야 한다. 그리고 창틀과 그 언저리에 고인 물을 흘려보내야 건물을 보호할 수 있다. 이 문제들은 건축의 미학에서도 항상 중요한 부분이었다. 스스로 집을 짓는 사람들은 이것에 대해 잘 알고 있다. 체계적이지는 않더라도 이 문제는 건축 그 자체의 속성과 모순이 가진 영원불멸의 숙제다.

예전에는 창의 세 가지 문제, 즉 하중, 표면, 배수의 문제를 따로따로 해결했었고 이는 시대별·지역별 건축적 특징과 스타일이 되었다. 벽의 하중을 받는 윗부분에는 인방보lintel가 있었고, 창틀 주변을 조금 튀어나오게 하고 창 아랫부분에는 아래쪽과 바깥쪽으로 조금 기울여서 물을 안으로 들어오지 않도록 했다. 창을 자세히 살펴보면 무게와 물을 대하는 방식을 이해할 수 있다. 창문은 빛과 공기와 시야에 미친 영향이 지대하면서도, 독자적인 디자인으로 한 시대와 한 영역의 유행과 추종을 생산하기도 쉬웠다. 창문이, 한 시대의 기술과 건축의 역사적 서술과 그 축을 나란히 할 수 있는 것은 열고 닫는 방식의 진화 덕분이다. 문의 작동 방법, 기밀과 안전 성능은 창문에 관한 이론과 기술의 핵심이다. 그리고 유리에 관한 눈부신 도전들의 영향으로 우리는 벽과 모서리를 잊어버렸다.

실제로, 유리는 투명하지 않다. 유리는 흡수하고, 변화무쌍하며, 불투명하다. 무겁고, 단단하고, 거칠다. 거의 아무것도 흡수하지 않고, 표면이 균일하면 빛이 산란되지 않으므로 빛은 유리를 그대로 투과한다. 이럴 때 유리는 완전히 투명하다. 하지만 원료 조성을 조정하면 소리를 차단하고 빛을 산란하고 열을 흡수하도록 변모한다. 가장 소란스러운 곳에서도 적막을 만들고 오직 빛만을 나의 공간에 허락할 수 있다. 색유리는 특정한 가시광선 파장을 흡수하는 금속이온을 넣어서 그 투과량을 줄인 것이고, 불투명 유리는 빛이 똑바로 지나가지 못하고 산란되도록 하기 위해서 표면을 거칠게 만든 것이다. 유리의 무게와 크기를 감당하는 창틀의 기술도 함께 발달하면서 창의 각 재료들은 자신 본래의 성질을, 장점은 장점대로, 약점은 약점대로 인간에게 유익하고 의미 있게 쓰이고자 기꺼이 결합을 받아들인다.

개방성과 통합성은 무조건적으로 긍정의 가치가 되었다. 그래서 창이 없다는 것은 인간적으로 못 견디게 괴로운 일이 되었고, 탁월함은 가능한 한 많은 것을 하나의 장치, 한 사람의 능력에 집중되는 것이라고 사람들은 생각했다. 건축에서도, 가능한 한 큰 창문을 내면서도, 물과 무게의 문제들을 한 번에 해결할 수 있는 방법이 없을까 하는 고민들이 현대적인 설계와 강력한 창호를 만들어냈다. 서로 간섭 관계에 있는 조건들을 결합해야 하는 모순을 창처럼 많이 담고 있는 부분도 없다.

유리창이 크면 채광은 좋으나 무게가 무겁고 작동이 어렵다. 내면의 편리함만 생각하고 여기저기 창을 내면 온몸에 눈이 뚫린 괴물의 외면을 가질 수도 있다. 눈 위에 눈이 또 있고, 아래의 창보다 위의 창이 더 크고, 아래와 위를 알 수 없고, 앞과 옆이 다른 얼굴이 된다. 열고 닫는 것이 자유롭고자 하면 고정 장치는 점점 거대해져 창의 개방감은 축소되고, 창을 많이 열수록 빛과 물에 대응해야 한다.

  인간의 가장 큰 고통은 외면의 질서와 내면의 성질이 서로 충돌할 때다. 건축의 고통도 여기에 있다. 창은 투명한 것을 닫는 일인가, 어두운 벽을 여는 일인가? 이는 사람의 동작에 관련되어 있다. 창은 닫는 것인가, 여는 것인가? 창은 열리기도 하고 열리지 않기도 한다. 유리가 어마어마하게 크고 강해지면서, 그것만으로 건물이 지어질 때 벽과 창의 구분조차 없어진다. 벽을 대신하는 창은 보이지 않게 할 수도 있고 들리지 않게 할 수도 있다. 열면 보이고 닫으면 보이지 않듯이, 열면 들리고 닫으면 들리지 않는다. 창은, 호기심과 안심, 투시와 반사의 두 얼굴을 가졌으므로 경계는 불안정하고 늘 움직임을 대비한다.

    창의 대화

    우리의 집에서 창이 벽으로부터 독립되면, 그다음에 창은 바닥과 관계를 가질까? 천정과 관계를 가질까? 혹은 마주하고 있는 또 다른 벽과 관계를 가질까? 자유는 물질과 형태 속에, 무질서해 보이는 것 속에 있으며, 건물들이 서로 대화를 한다고 느끼는 것처럼(귄터 베니쉬), 건물과 관련된 모든 것들은 서로 대면하며 주고받는 것이 있다. 풍경에 대해 아무 말도 하지 않는 창은 없다. 열린 문과 그 너머로 보이는 창, 이 둘 사이에도 문을 여는 순간 시작되는 서로 간의 대화가 있다. 그리고 나란하거나 서로 마주하는 창들끼리 만들어내는 교감 또한 살아 있는 집, 살아 있는 장소를 만든다.

'살아 있는 집'은 '아름다운 집'보다 그 조건을 말하기가 더 어렵다고 생각했었다. 건축과 장소는 사회성과 활용성으로 그 생명력을 판단한다. 환경과 타인과의 관계를 통해서 인간이 발달하는 데 건축은 얼마나 기여하는가와, 그 공간은 얼마나 잘 활용되는가에 따라 건축은 죽고, 살아 있다고 여겨진다. 하지만 이것은 집이 지어지는 순간에는 시작조차 할 수 없는 일이다. 살 사람이나 집을 그리는 사람의 경험과 직관으로 완성된 집은 늘 불완전하다. 벽, 창, 지붕, 계단, 문을 마치 인체의 기관처럼 각자의 역할과 이름을 가지는 요소들로 인지하고, 이들을 서로 연결하는 것만으로 건축이 살아 있다 말하기에는 부족했다.

창은 어떠해야 할까? 창으로부터 경치와 채광을 뺀다면, 우리는 무엇을 이야기할 수 있을까? 창을 통해 우리의 인생은 얼마나 많이 변해왔던가? 창들은, 벽들은 서로 어떤 관계를 가질까?

공사를 위해서 가구와 사람과 벽지가 사라진 빈 집에 서면, 오직 공간만 내 주위에 있다. 이때 나는 안과 밖으로 열린 구멍들과 벽들이 서로 대화하는 것 같은 느낌을 받았다. 이 대화를 통해 공간은 스스로 힘을 키운다. 창들의 대화, 벽과 창의 대화, 문과 창의 대화로부터 집은 충실해진다. 많은 요소들이 모여 만들어진 것일수록 이들 간의 상호작용은 물리적 결합을 넘어서, 전체의 기능과 고유성에 결정적인 무엇을 만들 때가 많다. 한 벽에 나란한 두 창은 마치 서로 대화하는 것 같다. 건축가가 창의 개방성과 효율에 더 초점을 맞추었다면, 이 둘을 합쳐서 하나의 큰 창으로 만들었을 것이다.

  문을 열고 만난 두 개의 창과 내가 방금 열었던 문, 이 셋의 대화는 나로 인해 중단되었다. 동시에, 이들은 열린 문 사이로 나의 뒤에 있던 복도 끝의 창을 알아채고 다른 대화를 거는 것만 같다. 공간 안에서 열리고 닫히는 것들을 동시에 바라보면 그들 사이에 흐르는 무엇을 느낄 수 있다. 서로 눈을 맞추기 위해서는 같은 축 위에 서 있어야 하고, 그 사이에는 바람이 만들어진다. 빛을 번지게 할 벽과 바닥과 천정을 함께 비워두지 않으면 창은 아주 얕은 구멍밖에 되지 않는다. 집이 들려주는 이야기에 귀를 기울이면, 마치 살아 있는 것처럼 집은 우리의 감정에 대응한다.

  집의 각 요소들에 대해 진지함으로 반응할 때, 우리는 사물의 용도에 겹쳐져 있는 세상에 대한 인식과 삶의 태도를 결정할 수 있다. 방의 독립성을 주장하는 사람이든 공동의 공간을 갈

망하는 사람이든, 은유적이고 추상적인 건축과 관계하여 자신이 취하는 이중적인 태도를 피할 수 없다. 또한 자신의 현실적인 문제에 대해 공간은 아무 힘이 없다는 것을 알면서도, 공간의 배경 위에 올라서지 않는 한 인간 존재는 어떤 현실성도 띨 수 없다는 것을 인정한다.

우리는 모든 것을 볼 수 있지만 나 자신만은 볼 수 없다. 창 안에 있는 나와 창밖에 있는 나는 분명 동일하지만, 눈앞에 보이는 것을 다르게 말한다. 인간의 역사는 이러한 오류와 모순으로 채워져 있다. 환경이라는 자체가 어떤 전제하에서만 정당성을 갖듯이, 이러한 불완전성을 성찰과 암시로 메워 현실을 아름답게 만든다. 동시에 나 자신의 얼굴처럼, 내면의 반영을 초월하여 어떤 모습이 되고자 하는 간절한 바람을 표현하는 일도 창이 하는 일이다.

안에서 일어나는 일이나 공간과 전혀 어울리지 않는 창이 만들어지기도 하고, 투명하지만 절대 들어가지 못하는 벽이 만들어지기도 한다. 그러므로 때로는 이해가 되지 않는 창 앞에서는 의심을 품어야 한다. 그러나 현대적 건축에서 창은 공간적 요소라기보다는 제품의 성능과 디자인으로서 이야기될 때가 있고, 도시에 대응하는 또 다른 얼굴로서 독자성을 가지기도 한다. 제품으로서 창은 생각보다 그 형태와 방식이 다양하지도 자유롭지도 않으며, 경직된 시공 시스템과 시장구조에 종속되는 일도 허다하여 창으로 읽을 수 없는 것들이 많다. 그래서 창은 개인적 표현이면서도, 더 넓은 의미의 질서와 더 큰 배경의 일부가 된다는 것을 이해하는 일이 중요하다.

창 앞에서 나는 관찰자가 되고, 창 안에서는 보호받기를 원한다. 창은 내부와 외부를 구분한 결과일 수밖에 없어서, 창이 많아질수록 시선으로부터 갇히고 벽이 많을수록 마음은 자유롭다. 창은 나와 타인의 공간 사이에서 거대한 모순을 직면하게 만든다. 그러나 끊임없는 소모와 충전으로 메워지는 인간의 삶이 주는 고달픔과 무의미함에 대항하는 아름다움도 바로 여기에 있다. 행복과 관련된 법칙들은 규칙성, 헌신, 자율성이며, 아름다움 중 최상급은 관계의 아름다움이다. 공간의 아름다움은 결국 관계의 아름다움이다. 크기, 거리, 높이, 경계, 질서의 기준과 변위變位를 통제하는 일이다. 그러므로 창은 빛과 경치에 관한 이야기보다는, 모순과 관계에 대한 이야기를 통해 건축의 감동을 더 깊이 전한다.

창의 대화

시간은 흐르며
공간은 비워져 있으므로,
우리가 현실을 보았던 것과 같은 방법으로

무한성에 분절을 만드는 인간의 능력으로부터,
건축은 시작되었다.

벽을 만들었으나
창과 문만 남았다.

우리에게 부여된
축적과 위계의 능력을 발휘하도록
창 앞에서 오래 머무른다.

관찰과 감상으로
자신의 의견을 형성하고,

파편에 현혹되지 않고,
가능한 한 많은 모순과 질서를 발견하여

스스로의 말을 할 수 있을 때까지.

지붕의

사색

함께 있되 거리를 두라.
그래서 하늘 바람이 너희 사이에서 춤추게 하라.

―칼릴 지브란, 〈결혼에 대하여〉

의, 식, 주, 그다음은 무엇일까

　사람이 살아가는 데 꼭 필요한 이 셋은 생존과 문화에 촘촘히 걸쳐 있다. 삶의 기본 조건인 동시에, 지위와 경험을 드러내고 싶은 욕망은 늘 이 조건들을 거쳐 갔다. 음식과 옷과 공간에 대한 광풍이 우리를 다 스쳐 갔다. 우리는 이제 먹는 일에도, 치장하는 일에도 시큰둥해졌고, 집을 사고 가꾸는 일에도 흥미를 덜 느낀다. 나이를 먹고 정신적 성숙을 거치면, 안정과 성공의 지표 같았던 이 조건들의 절대성이 무너진다. 지인들과 이런 이야기를 나눈 적이 있다. "의, 식, 주, 그다음은 무엇일까? 우리는 무엇을 추구하게 될까?" 가족, 교통, 휴식, 문화, 역사, 철학, 여러 단어들이 오가고 자신의 제안을 뒷받침하는 증거를 사람들이 덧붙였다. 그러나 어떤 것도 의, 식, 주만큼 독자적이고 완전하지 않았다. 결국, 이런 질문들을 스스로에게 던질 수 있는 것이 바로 그다음이 아닐까라는 이야기로 끝이 났다. 각자의 마음속에서, 인간의 본능과 삶의 방식에 자신을 투사하여 사색하는 일이 되어, 우리의 대화는 독백으로 이어졌을 것이다.

인공적인 세계를 가진다는 점에서 인간과 동물은 구별되고, 우리의 산물이 부단히 스스로를 조건 짓는다는 것을 우리는 잘 알고 있다(《인간의 조건》). 신체적 제약은 인공 환경을 필연적으로 탄생시킨다. 추위와 더위에 약하고, 비와 눈과 강렬한 햇빛에 오래 버티지 못하기 때문에, 그리고 더 강한 것들로부터 자신을 지키기 위해서 건축은 태어날 수밖에 없었다. 모여 살게 되고 머물러 살게 되면서 문화가 새겨졌고, 그때부터 사람들은 지속적인 가치에 대해 생각했다.

나는 최초의 필요 그 이후에도 건축의 발전과 변화에 인간의 신체적·감정적 제약은 오히려 큰 원동력이 되었다고 생각한다. 사람들은 건축을 통해서 어디서나 살 수 있게 되었고, 각자의 필요와 상황에 따라 공간의 높이와 크기를 자유자재로 만들 수 있게 되었다. 어느새 도시와 경치를 내려다보는 일은, 오르는 노력에 대한 특권이며 최고의 휴식이 되었다. 바라보는 일은 가장 고요한 사색으로 우리를 이끈다.

그중 최고는 아마 우주로부터 지구를 바라보는 일일 것이다.

상상만 해도 마음은 일상을 떠나 담대해진다. 우리 모두를 경탄에 빠뜨리는 지구와 우주의 관찰은, 경험과 언어를 무의미하게 만든다. 형언할 수 없는 장면 앞에서 우리는 모두 철학자가 된다. 인간이란 무엇인가, 산다는 것은 무엇인가, 나는 누구인가 등 실존에 대해 생각하지 않을 수 없다. 다음은 아마도 비행기나 기구를 타고 아주 높은 곳에서 도시와 자연을 바라보는 일일 것이다. 이 절대적 관점으로부터 환상적인 이야기들이 탄생했고, 그로부터 보내진 수많은 이미지들은 평범한 사람들에게 먼 곳으로의 여행을 꿈꾸게 했다.

만약 사색의 거리와 깊이의 몇 단계가 있다면, 이 다음 단계로서 사색의 관점은 우리가 마치 새가 된 것처럼 집과 집 사이, 산과 산 사이를 굽이굽이 날아다니며 내려다보는 장면에서 만들어질 것이다. 전지적 시점으로 자유롭게 유영游泳하면서 바라보는 도시와 들판은, 우리에게 깊은 침묵과 아름다움에 대한 슬픔을 가르쳐줄 것이다. 마지막 단계는 우리의 집 지붕 위에서의 사색이다.

도시나 자연은 예전만 못해졌지만, 볼품없는 경치와 빈약한 햇빛이라도, 그것은 말할 수 없이 중요해졌다. 활동하는 공간을 만드는 건축에서, 지붕은 일상에서 찾을 수 있는 사색의 공간이다. 활동이 배제되고 절대적 시점을 제공하는 독자적 공간이 되었다. 무엇을 바라보는 일은 어떻게 사람을 사색적으로 만드는 것일까?

 나의 시선과 응시의 대상은 서로 영향을 주면서도 독자적으로 존재한다. 사르트르와 라캉의 응시와 시선에 대해서는 여기서 말할 수 없다. 고정되어 있지도 않고, 평면적이지도 않은 건축의 속성을 응시와 시선의 개념을 통해 이해하는 것은 건축가에게는 불가능했다. 특히 하늘에서 내려다보는 전지적 시점은, 응시와 시선의 변증법 관계로 이해하기 어려웠다. 오히려 그 공간이 보여주는 질서와 축척에 관련된 무수한 역설로부터, 자신에 대한 자각과 사색은 깊어지는 것 같다. 여기에서는 인간의 숙명인 움직임과 상대성은 사라지고 시각은 더욱 뚜렷해진다. 그래서 지붕에서 관찰할 때, 우리는 가장 회화적이고 사진적인 순간을 경험한다. 보이는 것들은 대상 그 자체가 아니라 그것의 이미지로 각자에게 번역된다. 끊임없이 직면했던 관계와 환경의 선택이, 나의 삶을 이루는 본질을 만들었다는 것을 인정하게 된다.

 텅 빈 지붕은 사색을 위한 최고의 장소다. 내가 살지 않는 계절이 더욱 아름답듯이, 외로운 존재에게 우주를 담을 수 있는 길은 사유뿐이다. 기를 쓰고 풍경을 내 것으로 만드는 일, 나만의 창을 내고, 벽을 세워 풍경을 가두고, 아름다운 공간 속에서도 기록에만 연연하는 것은, 가장 빨리 그 풍경에 무감각해지는 길이다. 우리의 마음을 작동하게 하는 것은 의지가 아니라,

마음의 심연을 드러나게 하는 촉매에 달려 있다(알렉산더 슐긴).

우주 공간으로 날아가 우리의 터전을 바라본 행운의 사람들은 이구동성으로 아름다운 지구의 모습을 이야기한다. 일상에서 만나는 지구의 모습을 저 높은 우주 공간에서 바라보는 것은 형언하기 어려운 감동을 준다. 이것은 단지 새로운 개인적 경험에 그치지 않고, 자기 자신을 포함한 인류와 지구 전체를 다시 돌아보는 새로운 인식의 경험으로 이어지는 것은 분명하다. "조망 효과"는 1987년 프랑크 화이트가 자신의 동명 저서 《조망 효과: 우주 탐험과 인간의 진화》에서 처음 사용한 말이다. 조망 효과를 경험한 사람은 지구에 대한 경외심을 갖게 된다고 한다. 자신을 넘어서 지구상의 모든 생명체 간의 관계에 대해 더 깊은 생각을 할 수밖에 없다. 자연스럽게 신비로운 지구를 지키기 위한 자신의 책임감을 절감한다.

한 사람이 정신적으로나 지적으로 깊은 감동을 받으면, 그는 이전과는 다른 사람이 된다. 가치관의 변화를 겪는 데 있어서 공간이 주는 충격은 강력한 촉매다. 높이 오를수록, 멀리 갈수록 우리가 보는 것은 경치가 아니라 우리 자신이다. 그래서 자신의 위치와 사물의 상호성으로부터 새로운 통찰력을 부여받는다. 역설적이게도, 철학적 관심이 없이 엄격하고 관습적인 군규율 속에서 생활했던 비행사들이 우주여행으로부터 돌아올 때는 단순한 탐험가가 아닌 철학자와 같은 면모를 보여준다는 연구 결과는 그 증거다. 나는 자신의 육체와 감정을 솔직히 들여다보고 인정할 수 있다면 누구나 깨우침을 만난다고 생각한다. 삶의 거친 모서리에 부딪힌 사람들이 터득한 지혜는 본능을 더욱 예민하게 만든다. 그 속에서 조망과 관조를 거친 이들의 냉정함과 인간애 안에는, 진리를 향해 나아가게 하는 마음의 힘이 존재했다.

도시의 흥망성쇠는 인간의 생로병사와 닮았고, 건축의 견고성과 인간의 유한성의 대비는, 모든 것은 소멸하지만 절대 끊어지지 않는 자연의 섭리와 꼭 닮았다. 자연의 비정함과 집의 다정함, 새로 지어진 것과 낡아 스러지는 것들, 비어 있는 집과 채워진 도로, 가까운 것과 아주 먼 것, 대비가 선명하면 선명할수록, 우리는 그 사이의 균형과 관계를 의식하지 않을 수 없다. 서로 대화하고 있는 나와 타인 사이의 그 좁은 간극도 우주처럼 무한하다. 나의 내면의 풍부한 정신적 자유와 가혹한 외부 환경의 대비는, 자연의 섭리가 자신의 마음 안에서 울림을 만드는 순간까지 말을 참게 만든다. 감정을 드러내는 순간, 말은 미움 혹은 열정으로 둔갑하여 어쩔 수 없이 쫓기는 마음이 되고 말기 때문이다. 우리는 경치의 뜻을 다 알지 못한다. 단지 자신 안에서 재구성된 세계의 질서만을 의식할 뿐이다.

타인의 삶을 바라보는 우리의 자세는 어떠해야 할까? 도시 안에서 우리가 가장 두려워하는 것은, 정복하지 못하는 공간의 광활함이나, 버리지 못하는 관계의 복잡성이 아니라, 타인의 시선이었다. 멀리 내려다본다는 것은, 지붕 안에 견고히 박혀 있는 타인의 삶을 관조하고, 저 멀리 변함없는 도시와 자연에 나의 일상을 겹쳐보는 일이다. 마치 여행지에서 느끼는 거리감과 낯섦처럼, 타인과 환경과 지식, 즉 잘 알고 익숙한 것들로부터 떨어지면 우리는 잠시 넋을 잃는다. 여행으로, 우리가 지나온 삶의 희미한 기억은 뚜렷해진다. 이만큼 떨어져본 적이 없어서다. 정신을 차리고 다시 관찰한 세계에서, 각자 무관한 사물과 시간 들이, 삶의 깊숙한 곳에서 서로 연결되어 있다는 것을 우리는 깨닫는다.

평지붕의 선물

지붕이 덮개가 아니라 특별한 장소로 탄생한 것은, 건축 기술 발전이 가져다준 혜택이다. 주로 돌로 건물을 지은 서양에서도 근대 이전까지는 규모가 좀 큰 건물을 지어놓고 얼마간 사용하지 않았다. 무너지지 않는 것을 확인한 후 사람들이 들어가 살았다. 건축의 미학은 대부분 구조의 미학이었지만, 철근콘크리트의 발명으로 정확한 구조계산이 가능해졌다. 그 덕분에 건축가들은, 건물이 무너지지 않게 하는 문제와, 공간을 꾸미는 일을 따로 생각할 수 있게 되었다.

  어둡고 습한 땅으로부터 건물을 들어 올려 그 아래에 정원이나 주차장을 만드는 일이 가능해졌고, 창문의 역사도 다시 쓰였다. 건물을 지탱하던 두꺼운 벽들이 사라지면서 건물의 이쪽 끝에서 저쪽 끝까지 창문은 계속 이어질 수 있게 되었고, 외관뿐만 아니라 내부 공간의 짜임새에 있어서도 무한의 자유를 얻게 되었다. 지붕은 어떻게 독립적인 공간이 되었을까?

  굴뚝을 세우고 빗물이나 쌓인 눈을 미끄러지게 해야만 했던 경사 지붕은, 중앙난방의 도입으로, 삐죽이 튀어나오는 대신 움푹 들어가거나 평평해졌다. 이전에는 없던 새로운 평면이 하나 탄생한 셈이다. 우리는 이것을 건물의 다섯 번째 얼굴이라고도 부른다. 평평한 지붕 윗면은 그 공간을 뚜렷이 드러내었고, 사람들의 활동이 그 위에 겹쳐지며 중요한 의미를 가지게 되었다. 즉, 하나의 '장소'가 되었다.

  멀리 떠나지 않고도 자신의 환경 속에서 또 다른 방법으로써 제어 가능한 자연, 자신만의 외부 세계를 만들 수 있다. 사색을 위한 여행도, 신선한 채소와 과일도, 몸의 단련과 혼자만의 여흥, 그리고 나의 세계로 사람들을 초대하는 일도 평지붕에서는 모두 가능하다. 하루의 시간, 일주일의 시간, 한 달의 시간, 일 년의 시간을 달리 쓰는 방법이 평지붕에 있다. 평지붕은 자유자재로 변신이 가능하다. 땅 위의 정원이 타인의 시선을 의식

하는 공간이었다면, 평지붕은 자유롭게 자연과 공존하는 영역이다. 육체의 단련과 사색의 훈련이 결코 다르지 않듯이 평지붕에서는 정원부터 체육관까지 무엇이든 만들어진다.

폐허에서 다시 태어날 수도 있는 이곳은 정원보다 훨씬 더 보호받는 외부로서, 진짜 자연과 맞닿아 있다. 평평한 지붕에다 구멍을 내어 집의 가장 깊고 어두운 부분을 밝힐 수도 있다. 그리고 집의 작동을 돕는 장치들을 모아둘 수 있다. 사색의 공간으로서 이곳의 공간적 조건은 단 하나다. 실체가 있는 자연이 뚜렷이 존재한다는 것이 느껴져야 한다. 땅 위 정원이 풀과 흙과 나무의 정원이었다면 지붕 위로 올라간 자연에서는 햇빛, 하늘, 바람이 제대로 된 주인공이다. 만약 산책을 멀리 갈 수 없다면 이곳에서 타인의 삶과 추상적인 자연을 돌아보는 일로 사색을 메울 수 있다.

사람이 접근할 수 있고 머무를 수 있어야 하므로, 지붕은 평평하고 안전하고 깨끗해야 한다. 지붕 위에서의 상념과 파노라마는, 여태껏 보지 못했던 나 자신과 내가 속한 도시를 발견하는 특별한 공간과 시간을 창조한다. 이 모습이 각자의 진정한 모습에 가깝다. 우리가 알던 지붕이 사라졌다고, 집의 상징이 없어졌다고 한탄하지만, 사실 우리에게는 다른 시간대, 다른 삶, 다른 시선의 세계가 만들어졌다.

나는 평지붕의 집을 좋아한다. 일 년 중 비가 오는 날보다 오지 않는 날이 더 많다. 비를 피하는 일보다, 그 위에서 할 수 있는 일들이 더 많다. 평평한 지붕은 성찰과 사색을 위한 최고의 장소다. 내가 살지 않는 영토와 시대가 더욱 아름답듯이, 외로운 존재에게 우주를 담을 수 있는 길은 사유뿐이다. 사람들은 평평한 지붕의 건축이 아름답지 않고, 집이 덜 완성되었다고도 생각한다. 하지만 그건 오해다. 평평한 지붕의 건축물을, 외부에서도 아름답게 보이도록 설계하는 일이 훨씬 어려워서 그렇다. 경사 지붕의 집보다, 비례와 일체감, 자연과의 조화를 실현하기가 매우 힘들다. 그래서 평지붕 안팎의 설계에는 특별한 기술이 필요하다.

    외면의 설계뿐만 아니라 한정된 사람에게만 열린 사색의 공간으로서, 옥상의 평면은 독립적이다. 건물 안에서의 분리와 단절은 여기서 사라진다. 새로운 평면이 그려지고 우리는 한 번도 만나지 못한 자유와 자연을 발견한다. 우리는 땅 위의 정원을 모든 사람에게 내어준 대신, 하늘 아래 추상적인 정원을 선물로 받았다. 이 추상적인 정원, 즉 옥상은 삶을 연장하여 건물의 쓰임새와 통합된다. 이 공간은 어떻게 만들어지는가?

    건축가는 평평한 지붕 위에 사색의 지점을 미리 결정해둔다. 사색의 평면은 기울기가 아주 완만해야 하고, 어디를 바라보는 것이 가장 좋을지 건축의 탄생과 함께 미리 정해둔 방향을 분명히 말하는 벽과 계단이 필요하다. 두꺼운 벽 하나를 수평면

위에 세우면, 자연스럽게 그 벽에 등을 기대고 우리는 약속된 경치를 바라볼 것이다. 만약 평평한 지붕 위로 천천히 오르기를 바란다면 완만한 사선의 계단을 그려 넣는다. 이동의 속도를 늦추는 일은 풍경을 깊이 새기는 방법이다. 평지붕의 의미를 제대로 아는 건축가는, 계단의 끝과 사색의 풍경을 한 번에 다 보여주지 않는다. 불안한 시선으로 어딘가로 오를 때는 그 평정의 선을 보지 않아야 한다. 평면 위에 정확하게 도착하여 호흡을 가다듬고 그때 비로소 예외적인 수평선을 발견한다면, 우리는 안도하고 탄식한다.

자연이 주는 평정은 실존을 초월한 감정을 느닷없이 우리에게 던져준다. 만약 좁은 계단으로 더 높고 평평한 지붕으로 다시 오른다면, 난간에 의지하여 숨차게 오르는 마지막 무대 위에서 우리는, 자유와 불안을 동시에 만날 것이다. 의미 있는 풍경은 단번에 보이지 않으며, 그 자리에 누군가와 마주 앉기를 바란다면 최적의 풍경과 시간을 염두에 두고 우리를 초대하는 탁자를 놓는다.

평지붕 위 공간에서 시간은 늘 신비로운 주제가 된다. 이 장소에서 사색의 깊이와 넓이는, 어떤 시간적 시점을 통해서 보느냐에 달려 있다. "옥상 정원에 앉아 무성한 단풍나무의 그늘에서 나는 해가 어떻게 황색 벽을 물들이는지 볼 수 있었다." 르코르뷔지에가 폐삭 주택단지의 어떤 집 옥상에서, 건너편 집들의 벽을 바라보며 한 말이다. 무엇을, 언제, 어디에서, 어떻게 보는가에 따라 상념은 색과 소리를 입고, 자연의 주제는 선택을 받는다.

짙푸른 바다 위에 달나라의 도시처럼 반짝이며, 납작한 지붕들은 하얀 칠을 했고, 그래서 새하얀 도시를 만난 순간처럼 내가 그토록 깊은 행복감을 느꼈던 적은 별로 없습니다. 도시 전체가 하나의 기적입니다.
─ 니코스 카잔차키스,《카잔차키스의 편지》

한밤의 이 적막은 사색의 한낮이며, 지혜는 별이 반짝이는 천정에 이른다.
─ 안나 레티샤 바볼드, 〈어느 여름밤의 명상〉

그 장소 그 순간에 우리가 바라본 어떤 고장의 풍경은, 마치 위대한 음악가가 평범한 악기를 탄주하여 그 악기의 위력을 자기 자신에게 문자 그대로 〈계시하여〉 보이듯이, 우리들의 영혼을 뒤흔들어놓는다.
─ 장 그르니에,《섬》

내가 살고 있는 아파트의 발코니로부터 양쪽 풍경은 대조적이다. 서쪽으로는 큰 도로와 먼 산만이 눈에 들어오는 반면, 동쪽으로는 작은 주택의 지붕들이 좁은 길을 숨기고 서로 붙다시피 하며 하나의 풍경을 만들고 있다. 건물과 사람살이의 변화를 잘 읽을 수 있는 곳이 지붕이다. 얼마 전까지는 보이지 않던 텃밭이 꾸며졌고, 어느 날 갑자기 3층짜리 건물 옥상에 어색한 기와지붕이 올라섰다. 초록색 방수 페인트로 얼굴을 바꾼 곳도 눈에 들어왔다. 어느 날 밤, 마치 잠이 든 것처럼 불이 다 꺼진 건물의 옥상 위, 조명탑으로 불 밝힌 풋살 경기장을 발견했다. 마치 도시 위에 다른 도시가 하나 더 있는 것 같았다. 지붕 위 사람들의 움직임은, 정지된 건축과 기묘한 조화를 이루었다.

어둠이 내려오자 옥상은 살아났고, 비행기 날개의 세 가지 불빛이 비행기의 방향을 말해주고 있었다. 흰빛으로 꼬리의 위치를 알고, 붉은색과 푸른색으로 비행기의 오른쪽과 왼쪽을 읽는다. 밤과 빛은 우리에게 부지런히 삶의 신호를 보내는 중이었다. 밤의 활력은 이렇게 다시 밤의 사색을 돕는다. 길 위에만 삶이 있는 것이 아니라 지붕 위, 하늘에도 삶이 있다. 넋을 잃고 바라보면 이 순간의 적막과 한적함에 깊이 빠져 삶의 무게는 잠시 덜어진다.

나의 힘으로 제어 가능한 자연이 바로 하늘 아래 있다. 자유로운 공기, 내 머리 위의 하늘, 끊어지지 않는 경치가 나의 집 위에 있다. 반드시 위로 올라가야만 볼 수 있다. 시어머님은 장

독대에 올라서면 가슴이 탁 트인다 하셨다. 3미터 남짓 높이 위로 올라섰지만, 축사의 지붕 위를 어지럽힌 물건들은 지난 장마의 거대함을 말해주었고, 열여덟에 시집오며 건너왔던 다리 너머 들판 풍경은, 시간을 거스른 상념을 허락했다. 간혹 슬프고 억울한 감정이 치밀어 올랐지만, 여기에 서면 이 정도의 불행과 고독은 견딜 만하다고 시어머님은 위안 받았다. 자식들도 있고, 며칠 뒤에는 제사도 있고, 당장 손질해야 할 채소도 쌓여 있다, 더 이상 행복한 사람도 없다, 내 나이 먹은 사람치고는. 시어머님은 이런 말을 종종 하셨다.

 가늠할 수 없는 인간의 심연으로 빨려들어 가지 못하도록, 수면으로 끌어올리는 강력한 삶의 부력浮力이 있었다. 살아온 날이 헛되지 않은 것은, 살면서 내가 잃어가는 젊음과 몽상과 고유함 속에는, 이러한 상실을 대체할 사랑과 발견이 다시 태어났기 때문이다. 홀로 바라보는 저 풍경은 나와의 이별이 아니라, 도저히 놓을 수 없는 일상과 내 고향에서 다시 시작하라 말하고 있었다.

집의 이름

 몇 개월째 공사를 진행하고 있는 주택의 이웃에는 홀

로 사시는 할아버지의 작은 집이 있다. 할머니 돌아가시고 혼자 사신 지는 10년이 넘었다고 했다. 배우자와 사별하거나 자식이 집을 떠나 홀로 사시는 어르신들의 집에는 전기 포트와 인스턴트커피가 방 한구석에 있다. 자신을 위해서 둔 것이 아니다. 할아버지는 누구라도 대문 안으로 들어서면 집으로 불러 직접 타서 먹으라 하신다. 물을 부어 혼자 커피를 마시며 집을 둘러보다 보니, 물감으로 얼룩진 할아버지의 셔츠가 눈에 들어왔다. 그러고 보니 마당 앞 평상에도 군데군데 푸른 물감 얼룩이 있었다. 옷이 왜 그러냐고 여쭈어보았더니 지붕을 새로 칠하는 중이라고 하셨다. 그 집의 지붕 색이 어떠했는지 기억나지는 않지만, 바로 옆에 우리가 아주 큰 집을 짓고 있으니, 지붕이라도 다시 칠해야겠다는 생각이 드셨던 것 같다.

잔을 비우고 나서니, 우리 현장의 목수님이 며칠 전 태풍으로 날아가버린 할아버지 집의 창고 지붕을 고치고 계셨다. 일 년에 100만 원으로 그 창고에 세를 얻어 숙소로 쓰고 계셨는데 며칠 전 밤 허술했던 지붕이 사라졌다. 현장에서 남은 나무와 단열재, 금속판으로 창고 지붕이 다시 꾸려지고 있었다.

바람 많은 제주에서는 담 너머로 겨우 보일 듯 집이 낮아, 지붕만이 담 위로 드러나는 풍경이 익숙하다. 낮고 완만한 지붕 덕에, 할아버지도 사다리를 담 위에 걸쳐 지붕에 올라 직접 조금씩 칠하고 계셨다. 지붕 위에 서면 그 바람을 피해 숨었던 바다가 만든 수평선이 드러나고, 이웃에 새로 들어서는 큰 집들이 조금은 낮아 보인다. 고개를 돌리면 둑 너머 저수지의 수면이 석양에 물든 모습과, 방금까지 그늘 아래 쉬고 왔던 몇백 년 고목의 꼭대기가 눈에 들어온다. 이제 모두 할아버지 집을 새로 지은 큰 집 옆, 파란 지붕 집이라 부를 것이다.

지붕을 다시 칠한다는 것은 자신의 이름으로 그곳에 오래 살겠다는 의지다. 오래 산다는 것은 앞으로 얼마나 더 살겠다는 시간의 예측이 아니라, 현재를 영원처럼 산다는 말과 같다. 건물에는 대체로 집주인이나 지명 또는 용도의 이름이 붙기 마련이다. 요즘 개인의 집조차 특별한 이름을 붙이는 것이 유행하면서, 추상적 개념이 집의 이름이 되기도 하고, 이름을 붙이기 좋은 개념을 종종 의도적으로 드러내기도 한다.

살기 좋은 평면 구성, 감동을 주는 공간감, 주변과 어울리는 배치 등은 진부한 주제가 되었고, 개연성 없는 말장난이나 한눈에 알아채는 형태의 언어가 집의 이름으로 붙여지면서 우리는 혼돈에 빠진다. 집의 이름은 살고 있는 사람과 그 장소에 대해 진술해야 하고 생각거리도 던져주어야 한다. 나는 자신의 집을 짓는 사람이나 건축가들이, 연출된 이야깃거리나, 이슈가 될 만한 가벼운 이름을 건물에 붙이는 일에 신중하기를 바란다. 사람의 이름과 마찬가지로 집에도 이름이 한번 붙여지면, 그것은 운명이 된다.

아파트에 살면 나만의 지붕이 없다. 집을 부르는 말도 제품명과 숫자밖에 없다. 그렇지만 주택이나 작은 건물들은 파란 대문 집, 기와지붕 집, 붉은 벽돌 집, 살구나무 집 등 누군가의 집을 친근하게 부르는 이름을 가지고 있다. 신기한 일은, 그 이름만 가지고도 누구나 쉽게 그 집을 찾을 수 있다는 것이다. 누구네 집처럼, 사는 사람의 이름을 붙인 집들이 있다. 경상도에서 그 성씨의 집에 딸을 출가시킨 처가를 김실네, 이실네 이렇게 부르는 습관이 있었고, 여전히 집의 이름은 그곳에 살고 있는 사람의 이름이 가장 많다. 그다음이 집의 물리적 특징을 이름으로 붙인 것이다. 누가 사는지 알 수 없어도 쉽게 눈에 띄는 특징으로 그 동네의 표식, 즉 랜드 마크가 된 집이다. 대체적으로 이런 집들은 그 살림살이의 사연도 특별해서 동네 사람들의 입에 종종 오르내린다.

도시든 시골이든 주택이 모여 있는 동네에 가면 어떤 일체감을 보게 되는데 이는 집의 규모와 생김새가 만든 것이다. 땅의 크기가 비슷하니 집의 덩치가 같고, 길에 면해 대문을 놓으면서 건물과 마당이 놓이는 방식이 통일되고, 당시 유행하는 재료나 표현을 이 집 저 집 쓰다 보니 자연스럽게 일관성이 자리 잡았다. 집이 서로 다른데도 특히 지붕이나 옥상 난간, 굴뚝이 똑같을 때가 많다. 동네에서 집을 짓는 일이 잦지 않다 보니 기술자들은 다양한 자재나 새로운 기술을 구비하기 어렵고, 남의 눈에 너무 튀지 않게 지어야 미덕이라 생각해서다.

특수한 풍토가 만든 풍경의 일부분이 되어 사는 일은, 그 환경에 맞추어 살림을 꾸려가기 위해 터득한 감각들을 발달시킨다. 자신의 경험과 전래된 이야기들이 섞인 살림살이 지침이 있다. 사람들은 풍경 속 무언가를 자신만의 지표로 삼고 전체를 이해하는 지도를 구축했고, 현재를 영원으로 사는 마법을 알고 있다. 지붕으로 보는 경관은 한 마을의 이름이 된다. 특히, 풍토적 특징으로 그 지역에서 나는 재료를 이용하고 기후의 특징을 반영한 지붕의 일체감에는 강력함과 지속력이 있다. 그 땅의 덕과 운명으로 살아가는 사람들의 이야기가 담겨 있다. 그래서 효용이 끝난 뒤에도 그 정체성은 전설처럼 남아 다음 사람들을 살게 한다.

하늘에서 본 지붕의 모습으로 읽어내는 마을의 전경이 이제 우리 눈에는 익숙하다. 하지만 지붕은 건물에서 가장 자주, 가장 심각한 문제를 일으키는 부분이다. 지붕은 대부분 정기적으로 보수를 해주어야 하므로, 하나의 지붕 경관을 그 도시와 지역이 유지한다는 것은, 확정된 특징을 지속하기 위한 사람들의 동의와 노력이 쌓여 있었다는 것을 말한다. 집주인의 개성조차도 그 일관성을 의식하고 지키고자 하는 노력 위에 있었다.

크로아티아의 작은 도시 두브로브니크는 붉은색 점토 타일 지붕으로 장관을 이루는 곳이다. 크로아티아는 제1차 세계대

전 후 유고 연방의 일원이 되었고, 1989년 베를린장벽이 붕괴되면서 동유럽의 사회주의가 몰락하자 독립을 추진했다. 독립을 저지하려는 세르비아와 내전을 벌이면서 3개월 동안 지속된 포격에 구시가 건물 3분의 2가 포탄을 맞았다. 가장 심각하게 타격을 입은 곳이 대부분 건물의 지붕이었다. 《아키텍처 위크》 2001년 7월 18일자 기사를 보면, 당시 438채의 건물이 직접적으로 손상을 입었고, 300여 채도 간접적으로 지붕이 부서졌다고 한다. 유네스코의 후원과 기부, 자체 재정으로 마련된 기금을 통해 도시는 복구되었지만, 붉은색 점토 타일은 현지에서 더 이상 만들지 않아서 인근 프랑스 타일 공장에서 만들어 와야만 했다.

평지붕은 그 위에 표면 보호를 위해 아무것도 하지 않으면 20년 이상 버티기 어렵다. 경사 지붕에 점토나 테라코타terra cotta 타일을 붙여도 평균 수명은 100년 정도다. 몇십 년 혹은 그 이상 도시의 지붕 재료를 만드는 공장이 지속되어야 풍경도 유지된다. 지붕을 복구하는 것은 그 도시의 생명력을 복구하는 것과 같다. 공예품과 같은 점토 타일을 외국에서 만들어와 복구해야 할 만큼 이 도시의 지붕 색은 결정적인 것이다.

높거나 혹은 낮거나, 아주 크거나 혹은 아주 작거나, 기울어지거나 혹은 평평하거나에 상관없이 마을의 지붕은, 나보다 타인이 불러야만 살아나는 이름, 나의 이름은 아니지만 거기에 속한다고 느끼는 우리의 이름이다. 남의 이름에도, 나의 이름에도 성장과 소멸 그리고 염원의 생명이 있다. 죽어서도 사는 것이, 자신보다 타인이 많이 부르는 것이 이름이고, 이름의 가치는 우리가 헤쳐나간 운명과 동일하다.

사색의 공간적 조건

    디자이너 박상욱 씨가 특별한 사진 한 장을 보여준 적이 있다. 사무소 맞은편 집주인에게 통사정하여 올라간 3층에서 찍은 골목 안 낡은 집의 지붕 사진이었다. 곳곳에 칠이 벗겨진 푸른색의 지붕은, 마치 어디서 흘러와 잠시 멈춘 물고기처럼 보였다. 박상욱 씨는 종종 주변 골목을 다니며 첫 번째 생명이 다한 집을, 그리고 그 집만이 가지고 있는 의외의 골격과 숨겨진 풍경을 찾아다닌다고 했다. 현재 사무소로 쓰는 주택을 구입한 이유도, 옥상에서 내려다본 옆집 기와지붕의 거대한 평면 때문이었다.

    사람들은 사물에 대해 자신만의 서정을 갖고 있다. 그에게 일상의 사물 중에서 가장 깊은 서정을 주는 것이 바로 낡은 지붕이었다. 어느 곳에 자리 잡지 않으면, 어디를 올라가지 않으면 볼 수 없는 건축 풍경, 그 지붕 위에 서면 비로소 발견하게

되는 풍광이 바로 사색의 첫 번째 조건이었다. 도시의 열기와 밤공기의 신선함, 추상적인 자연과 생명의 만남, 안전한 고독과 자유로운 여행, 나의 세계로의 초대와 관계의 증폭. 지붕은 겉에서 보이는 형태로서가 아니라 독립적인 장소로서의 잠재력을 가지고 있다.

지붕 위 공간이 사색의 장소로 완성될 조건은 무엇인가? 다음은 우리가 그 장소에 대해서 살펴야 할 것들이다. '서 있고 앉을 수 있을 만큼 그곳은 평평하고 안정적인가, 계단이 있어서 거기에 갈 수 있는가, 자연은 거기서 어떻게 존재하는가, 어느 정도 고독은 가능한가, 바닥의 방수와 구조는 튼튼한가?' 설령 이 조건들이 다 채워지지 못해도, 늘 어딘가로 방향 지어졌던 벽들로부터 벗어난 후, 소음이 서서히 사라지는 그 위치와 조망이 잘 계산된 높이에, 의자 하나, 기댈 벽 하나, 그림자 하나면 마음의 심연으로 내려갈 수 있다. 고도의 추상은, 일상적인 것을 추상의 수준까지 끌어올리는 것이다. 자신의 집에서 평범한 모습이 모여 만든 놀라운 풍경들은 세계에 대한 우리의 시점을 변화시킨다. 가까이 다가가야 소리가 음악이 되는 것처럼, 들으려는 마음과 바라보려는 집중이 있을 때, 삶과 관계의 본질에 가까이 갈 수 있다.

의심하는 것으로부터 시작해서 확실한 진리를 찾아 나서기로 한 철학자만의 방법이 있었듯이, 나는 매 순간 이분법을 취

하며 그 경계의 이름을 정의하면서 나의 신념과 행위의 기준을
생각해왔다. 회의의 절대성만큼 진리의 절대성을 확신했듯이,
이름을 붙여야 하는 압박감은 인식의 기초를 튼튼히 했다. 사
물과 사실을 알기 위해서 가장 먼저 찾아야 하는 것은 그것을
부를 적절한 이름이었다. 배제해버리는 것이 너무나 많다는 위
험에도 불구하고, 이분법은 사물이나 사실을 알기 위해 이름을
붙일 때 유효했다. 우리는 어떤 사물이나 사실에 이름을 붙여
그것과 그것이 아닌 것을 구분할 수 있을 때 그것을 안다고 말
할 수 있다. 나는 사색을 보편적인 환경과 물질 사이의 관계로
부터 추상적 진리를 스스로 정리하는 일이라고 정의했다. 우리
에게 필요한 것은 고독, 침묵, 그리고 평평한 공간이다.

    이름을 부를 줄 모르는 사람은 어렴풋한 표면밖에 감상하지 못
한다.

―에릭 오르세나,《두 해 여름》

어디 높은 곳에 올라가서 고요히 도시의 야경을 바라보고 싶
은 날이 있다. 피할 수 없었던 만남과 대립을 잠시 잊고 싶은 순
간, 멀리 갈 수 없어 그저 높은 곳에 오른다. 그리고 입을 다물
고, 걸음을 멈추고, 모든 것을 잠시 잊는다. 그리움과 허무함을
불러주는 공간이 존재한다면, 풍경은 나의 체험의 일부가 될

것이다. 그다음에는 현실의 고통을 표현할 수 있는 적확한 언어들만 남을 것이다. "괴로움은 그 정체를 정확히 파악하고, 그것을 정확히 묘사할 수 있는 순간, 더 이상 괴로움이 되지 않는다."(스피노자)

  어떤 사실이든 세계 속에서 인간의 체험 일부가 되어야 그 의미를 가질 수 있다. 사색적 공간은, 그 형식과 물리적 특질이 뚜렷하다. 수평선이 살아 있고 사색의 지점이 표시되어 있다. 건축과 텍스트는 여기서 만나, '슬픈 석양'이나 '심오한 폭풍우' 혹은 '나를 기다리는 의자'와 같은 독창적 서정을 키운다. 우리는 자기 내면의 감정을 사물과 배경에 결합하는 능력을 갖고 있고, 그로부터 세상에 정착했다는 느낌을 받는다. 그래서 우리를 둘러싼 텅 빈 공간은 아무 변화도 없지만, 지붕에서 보낸 시간은, 세상을 읽는 법을 변화시킨다. 지금껏 경험하지 못한 강력한 침묵을 통해서.

지붕과 사색

지붕 위에 서면
평면은 사라진다.

삶을 조각낸 두껍고 얇은 선들,
모두 지워진다.

시선의 파노라마와
문 너머 이어지고 싶은 마음을
가로막는 벽이 하나도 없다.

나의 방, 계단, 창은 모두 사라지고
오로지 돌아갈 곳 하나만 남긴 채,
우리가 일상에서 만날 수 있는 가장 넓고 평평한 면,

수평면과 타인의 세계만 우리 앞에 있다.
수직이 가득한 곳에서는 사색할 수 없다.

새로 얻은 땅 위에서
지금껏 한 번도 본 적 없는
가장 강력한 침묵을 발견한다.

물러난

대문

첫 줄을 기다리고 있다.
그것이 써진다면
첫눈처럼 기쁠 것이다.

— 심보선, 〈첫 줄〉

최고의 도입부

우리 모두에게 각인된 명저의 첫 구절들이 있다. 내가 아는 글 중 최고의 도입부는 찰스 디킨스의 《두 도시 이야기》다. 몇 줄을 읽은 것만으로도 배경과 주제를 이해하는 데 충분했고, 나는 곧바로 본문의 도시와 시대로 뛰어들 준비가 된 느낌을 받았다. 도시와 건축이 필연적으로 그리는 대립과 경계선 위에서 망설이는 우리 자신처럼, 이 도입부는 마치 현재처럼 처연하게 다가왔다. 한편, 앞으로 펼쳐질 거대한 갈등, 시대의 비극과 인간의 정신 사이의 충돌을 직감했다. 도입부의 암시는 긴장감과 기대를 동시에 품게 했다.

최고의 시기였고, 최악의 시기였다. 지혜의 시대였으며, 바보들의 시대였으며, 믿음의 시대였고, 불신의 시대였다. 빛의 계절이었으며 어둠의 계절이었다. 희망의 봄이자, 절망의 겨울이었다. 우리는 모든 것을 가졌지만 아무것도 가지지 못하기도 했다. 우리는 모두 천국을 향해 가고 있었고, 반대로도 가고 있었다.

인간 역사 위로 흐르는 대립과 갈등은 무한의 공간에 선을 그으면서 시작되었다. 그 후로 인간적 존재는 공간과 함께 규정되었다. 공간은 경계선 안에 사람을 품으면서, 그 선의 안 혹은 밖에 속한 이들 간의 구분을 선명하게 했다. 만약 인간에게 자신의 영역을 가꾸고 드러내고 싶은 본능이 없었다면, 즉 자아와 타자의 구분이 공간에서 드러나지 않았다면 건축은 발전하지 못했을 것이다.

 감정의 선, 공간의 선은 사고의 단계를 결정했고, 선을 긋는 행위들이 어떤 입체로 드러나면서 그 안의 자신과 그 밖의 환경을 결정했다. 우리는 이 선의 안과 밖을 늘 주시한다. 선은 우리에게 보호와 단절을 의미한다. 나는 선 안에 있기도 하고 때로는 절대 넘을 수 없는 선 밖에서 경계 근처를 서성이기도 한다. 건축과 공간의 본질은 안과 밖, 나와 타인의 구분으로부터 나왔다. 경계와 구분에 대한 철학적·기술적 관점이 각 시대와 환경마다 서로 다른 길로 인간의 의식과 건축의 양식을 이끌었다.

정 소아과는 원래 화가의 집이자 작업실로 지어졌다. 골목 안에 자리 잡으며 굽이치는 길의 곡선 위에 자신의 경계를 그렸다. 그리고 소설의 도입부, 시의 첫 줄처럼, 대문의 위치와 디자인, 대문 앞의 공간들은 우리에게 집을 조금이나마 이해한 뒤 문을 열고 들어가도록 마음 자세를 준비시켰다. 대문은 총 세 짝이었고 사람 눈높이보다 조금 높았다. 문의 크기와 소재에 비해 육중해 보이는 석재 대문 기둥 사이에 큰 대문 두 짝이 나 있었고, 담장과 기둥을 연결하여 작은 문이 하나 더 나 있었다. 큰 대문은 건물의 주 입구인 작업실 현관과 나란했고, 작은 문은 마당 왼쪽으로 치우쳐 있었다. 식구와 친지들은 작은 대문을 열면 눈앞에 보이는 또 다른 문을 통해 화가의 작업실을 거치지 않고 집의 정원으로 바로 들어갔을 것이다.

예전에 대문과 쪽문을 따로 내지 못할 때는 큰 문에 구멍을 하나 더 내어 작은 문을 만들기도 했다. 대문은 잠겼지만 쪽문은 대개 열려 있었다. 늦은 밤의 귀가에 허리를 구부려 발소리를 죽이며 쪽문을 드나들던 기억이 있는 사람들이 많을 것이다.

화가의 집 대문은 해가 뜨자마자 열렸고 밤이 아주 깊어서야 완전히 잠겼다. 담 너머 보이는 집의 규모와 풍성한 나무들에 비해 소박한 대문은 길에서 조금 물러나 있었다. 길과 대문 사이 바닥에는 모양과 색깔이 제각각 다른 호박돌이 깔려 있었다.

일제강점기 때부터 현재까지 화가, 상인, 의사로 주인을 바꾸어가며 그 집은 거의 한 세기를 살고 있었다. 가족과 친지들, 예술가들, 환자들, 학생들과 교수들, 여행자의 발길로 그 바닥은 평평해지고 견고해졌고, 마치 오늘 아침 물로 청소한 것처럼 윤이 났다. 길에서부터 조금 물러난 대문 앞 영역과 길이 만나는 부분에는 길의 방향을 따라 길쭉한 돌을 깔아서 골목길과 집 앞 사이의 경계를 은근하게 표현하고 있었다. 섬세한 도입부는 한눈에도 의미심장하여 집에 대한 마음을 갖추게 했다.

내 집 앞이란, 침범할 수 없는 영역의 표시가 아니라, 내가 가꾸고 지켜야 할 공간과 이웃에 대한 사려심을 뜻한다. 집을 설계하면서 사람들에게 가장 설명하기 어려운 것이 건폐율 개념이다. 만약 집을 지으려는 땅이 60평이고 일반 주거지역이면, 면적의 60퍼센트밖에 집을 지을 수 없다. 즉, 한 층에 36평밖에는 지을 수 없다는 뜻이다. 내 땅인데 왜 땅을 다 채워 크게 못 짓느냐고 항의하는 사람들도 종종 있다. 집 앞 도로의 폭이 4미터가 안 될 때 자기 땅의 일부를 내어주어야 한다는 것도 이해하지 못하는 이들도 있었다. 급기야 어떤 이는 사용 승인을 받은 뒤 '자기 땅을 찾으려고' 담장을 다시 원래 대지 경계선에 내밀어 세우기도 했다. 이기심은 맹렬하게 우리의 집을 길의 가장자리까지 밀어낸다.

건폐율은, 땅에 건물이 차지하는 비율로 그 상한선을 법적으로 정해둔 것이다. 아무리 개인의 땅이라 하더라도 햇빛이 들고

통풍이 잘되도록 땅의 일부를 아무것도 짓지 말고 비워놓자는 사회 약속이다. 내 집에서 불이 나더라도 이웃으로 번지는 일을 막고, 서로 대피할 수 있는 공간을 확보하기 위한 약속인 것이다. 각 집마다 이렇게 비워진 공간들은 도시 전체의 공기와 빛의 통로가 되고, 사람들의 안전과 독립심을 지켜줄 수 있다.

원칙적으로, 건축법의 조항들은 대부분 사람의 안전을 보장하는 최소 요건에 관한 것이다. 그래서 건축법은 원칙적으로 재량 행위가 아니라 기속羈束 행위다. 즉, 어떤 권한을 가진 사람의 자유로운 재량이 인정되는 일이 아니라, 법규상 구성요건에서 정한 요건을 갖추지 못하면 절대로 허락할 수 없다는 말과 같다. 현대 도시에서는 건물의 규모나 특허적인 성격, 공익성에 따른 변수가 커서, 건축법을 기속재량 행위 정도로 완화하여 대응의 여지를 허용하고 있다. 그러나 법이 정한 요건이 뜻하는 바는, 개인의 공간도 도시 공간이나 이동 공간과 마찬가지로 자신 안에 공적인 부분을 담고 있다는 것이다. 각자의 집은 나와 무관한 모든 사람들의 안전과 도시가 쾌적한 곳으로 만들어지는 역할을 담당하고 있다.

그래서 건축가는 작은 집이나 거대한 건물을 설계할 때 둘 다 똑같이, 땅의 어디를 비우고 어디를 건물과 공간으로 채울지를 제일 먼저 고민한다. 사람들은 드러나는 것에 자신을 연결하지만, 만약 도시의 여백들을 볼 수 있다면, 보이지 않는 것들의 의미와 비밀에 더 심취하게 될 것이다. 손바닥만 한 그림에서도 여백을 만드는 의도와 법칙이 분명히 있는데, 사람들이 모여 사는 공간에서 어떻게 이것을 무시할 수 있을까? 할 수만 있다면 도시 전체의 빛과 공기의 통로로서 여백의 방향들을 연결하면서, 각 집의 대문은 길에서 조금이라도 물러나기를 권한다. 건축가는 길과 건물의 관계를 의식하고 적절한 위치에 집을 놓고, 대문의 자리를 가늠해본다. 그리고 길에서 대문을 지나 집에 도달하는 과정을 설계한다. 문이 서서히 열리면서 우리가 움직이는 모습과 건축의 만남을 마치 영화처럼 연속 장면으로 그린다. 이렇게 대문은 도시와 집의 충돌을 완화하면서도, 집의 전체성을 담는다.

 땅을 다 채워서 건물을 지을 수 없다는 원칙과 함께, 각자 영역의 경계선에서 조금 물러나 대문 세우기를 권하는 일도 종종 벽에 부딪힌다. 대부분의 사람들에게 공간을 가진다는 것은 타인과 구분 짓는 일로 시작되므로 사람들은 그 구분의 선을 확실히 표현하고 싶어 한다. 나의 영역과 주체성을 하나도 잃지 않으려고, 대지 경계 끝까지 담을 세우고 그 안을 빼곡히 채운다. 나만의 경치를 위해서 조금이라도 더 높이 오르려 하고 가파른 길을 내고 옹벽을 세운다. 모서리와 창문마다 달린 감시 카메라와 보안장치, 깎아지른 듯한 절벽의 담장과 길에 바싹 붙은 높은 대문으로 두른 집들로 우리의 동네와 도시가 전부 채워진다면, 우리는 더 이상 길과 마을에서 안전과 소속감을 느끼지 못할 것이다. 그 집의 주인마저도 오히려 스스로 갇힌다. 숙고하지 않은 채로 이렇게 건물이 하나씩 지어지며, 어느 순간 돌이킬 수 없이 서로 등을 돌리며 바싹 붙어서는 도시가 나는 두렵다.

"영혼이 없는 인공적으로 형성된 환경에 대한 계속적이고 습관적이며 무의식적인 심리적 적응이야말로 산업화의 축제에 가담한 우리가 지불하는 대가다."(리처드 하인버그,《미래에서 온 편지》) 건축이 만든 지형과 풍경은 이토록 무섭게 우리의 정신을 파고들어 우리가 알지 못했던 자신의 폭력성과 무관심에 큰 영향을 끼쳤다.

골목을 마주하고 서로의 집을 지어 사는 사람들은 아침마다 각자의 대문을 열고 집 앞을 쓸었다. 각자의 대문과 담은 분명했지만, 대문 앞의 처마는 집 안의 사람보다 집 밖의 사람을 위한 것이었다. 열린 대문 안 어딘가로 맺힐 낯선 사람의 시선을 생각하여, 크지 않은 나무를 심었고 현관을 대문으로부터 비켜 세웠다. 여기가 나의 공간이라고 선언하는 방법 가운데, 그 공간에서의 노동으로부터 생산을 얻고, 그곳을 아끼고 가꾸는 현실의 기억을 모두에게 새겨 나의 연관된 장소로서 인정받는 것이 가장 견고하고 우아하다. 사람의 손을 많이 거칠수록 고유함은 새겨지고 영역성은 확고해지기 때문이다.

사라지는 말들

　전통 풍수에서는 대문, 부엌, 방을 집의 3요소로 보았다. 삶이 복잡해지고 삶을 담는 그릇, 공간과 사상도 세분되고 변모했다. 주거 내의 공간들도 각각의 기능으로 분화하면서 방은 다양한 이름을 얻었고, 집 밖의 도시 공간들을 부르는 어휘들이 새로 태어났다. 책을 보는 방, 다용도로 쓰는 방, 옷을 모아 두는 방, 악기를 연주하는 방 등 새로운 이름을 얻은 사적 공간들뿐만 아니라, 소유와 용도를 의식하지 않는 공공과 상업의 공간들에 이름을 붙이는 것이 이제 낯설지 않다.
　방의 이름은 다양해졌고 우리는 장치나 설비의 이름에도 익숙해졌다. 하지만 대문처럼 우리의 집에서 사라지는 말도 있다. 대문과 빗장이라는 말은 낯선 것이 되었다. 집 앞이나 담 너머, 대문 켠과 같은 공간적 표현도 오로지 은유를 통해 문학으로만 살아남았다. 집과 관련한 공간적 어휘들이 새로 태어났지만 이처럼 영원히 소멸된 것도 많다. 사라지는 말에는 당연히 소멸의 이유가 있다. 금지당한 말이거나 더 이상 쓰이지 않는 말이 바로 그 이유다. 삶의 형식이 변화했으므로 특히 문과 길에 대한 많은 단어들이 사라지고 달리 사용된다. '빗장을 걸다' '문고리를 잡아당기다' '문지방을 넘다' '대문 아래서 기다리다' '돌쩌귀가 낡아 소리가 난다' 이런 표현들이 낯설게 느껴진다.

나는 문의 형태는 알고 있지만 대문의 개념에 대해서는 생각해본 적이 없다. 공간의 경계와 나의 영역에 대해서는 잘 알지만, 나와 타인 사이에 있는 담과 대문은 제대로 알지 못한다. 대문이 작동하려면 담이 있어야 하고, 집과 담 사이에는 바람과 빛의 공간이 자리 잡는다. 그 속에 일상의 삶과 가족의 모습이 살아 있어야만, 대문은 제대로 열리고 닫힌다. 대문 안팎에서 일어나는 일들에 대한 관조는, 삶과 죽음, 나와 타인, 가족과 외부인 사이의 경계는 늘 불완전하다는 것을 깨닫게 해준다.

정원에 심은 어린 나무가 자라 나무줄기의 꼭대기 부분(우듬지)이 담 너머로 보이기 시작하고, 대추나무나 석류나무 가지가 담장 위로 뻗어 나올 즈음이면, 담 밖의 사람들은 그 안을 상상하며 집이 지켜온 역사를 동경한다. 때로는 계절마다 변모하는 살림살이가 담장 위에 걸쳐지기도 했고, 집 안의 사람들이 겪는 슬픔과 기쁨은 은근한 방식으로 대문에 드러내지기도 했다. 담은 주소, 계량기, 보안과 같은 정보를 표시하는 곳이 아니라, 안의 일과 감정을 알려 대문 앞에 선 사람의 마음을 준비시키는 곳이다. 대문이 열린 집은 혹시나 제사를 지내는 건 아닐까 그 앞에서 소리를 낮추고, 금줄이나 조등弔燈을 보면 아쉬운 걸음을 돌렸다. 집과 담 사이의 여백은 음식을 준비하고, 집을 데우고, 크고 작은 행사를 하며 집과 가족을 보살피는 데 직접적인 도움을 주는 공간이었다.

김 씨 집 대문 안쪽에는 30년간 받은 부고장訃告狀을 모아둔 부고장 걸이가 있었다. 부고장은 망자亡子의 죽음을 알리는 서장이다. 어떻게, 언제 죽었으며 장례식장과 발인일 등을 친지와 친족에게 알리는 편지다. 사람들은 부고장을 재수 없다 생각하여 버리는 것이 일반적이지만, 그는 부고장을 하나도 버리지 않고 오래된 것을 가장 아래에 두어 순서대로 못으로 꽂아 모았다. 100여 장은 족히 되어 보였다. 매일 아침 새 삶을 시작하고 귀갓길에 그 삶을 접으며, 타인의 죽음을 통해 그는 우리의 삶을 담담히 내려다보고 있었다. 어느 순간 부고장이 늘어나는 일에도 무감각해졌을 것이고, 서른에 받은 부고장과 예순이 넘어 받은 부고장은 분명 다르게 느껴졌을 것이다. 어느 순간 망자의 이름에 내 이름이 겹쳐 보인다.

이렇게 우리는 인생을 안다. 삶과 죽음은 마치 대문의 안팎처럼 당연히 함께 존재한다는 것을 통해서, 우리의 집이 주는 참된 안식安息에 진심으로 감사하며, 하루를 또 살아냈다 안도한다. 서로가 종속된 대문의 양면은 각 면이 향하는 두 세계를 넘나든다. 도시의 시간이 집의 시간으로 이어지고, 아버지의 시간이 자식의 시간으로 이어지고, 타인의 시간이 나의 시간으로 이어진다.

사라지는 말 중에 대문 앞 공간과 연관된 '오래뜰'이라는 말이 있다. 대문 앞이나 중문 안에 있는 뜰, 문정門庭이라고도 하는데, '오래'는 거리에서 각자 집의 대문까지 이어지는 좁은 길을 말한다. 골목길과는 조금 다른 의미로 자신의 집 대문 앞 정원을 말하기도 하고, '같은 오래에 살던 사이'라는 말처럼 여러 집의 대문이 함께 나 있는 길이자 빈터를 말하기도 한다. 우리나라뿐만 아니라 서양과 동양의 주택에서 대문 앞 바닥에 어떤 표식을 했거나 다른 재료로 포장된 공간을 종종 볼 수 있었다.

길과 대문 사이에 공간을 비워 가로의 바닥 포장과는 다른 특징 있는 돌이나 벽돌을 사용하여 패턴을 달리하거나, 꽃과 나무로 가꾼 독자적 정원으로 집과 길 사이 완충과 전이의 영역을 분명히 드러냈다. 중국에서도 예전에는 비가 내리면 질퍽거리지 않기 위해서 오래뜰 바닥에 벽돌을 깔았다고 한다. 벽돌이 비쌌기 때문에 보통의 집에는 유리기와의 부스러기나 강가의 조약돌을 가져와 깔았다고 한다. 나와 함께하는 공동체의 영역에 대한 애정은 이 공간에 정성을 다하게 했다.

인도 여행자들의 여행기에는, 집 앞 바닥에 그려진 랑골리rangoli 혹은 콜람kolam 이야기가 종종 나온다. 해가 뜨기 전 집 앞을 물로 청소한 뒤 대문 앞 바닥에 랑골리나 콜람 그림을 그리는 사진도 많다. 랑골리와 콜람은 힌두교의 전통 의식 중 하나인데, 예전에는 쌀가루로 그려서 새와 곤충에게 먹을 것을

나누어주는 의미였다고 한다. 집에 들어오는 이를 환영하는 동시에 악귀가 들어오지 못하게 기원하는 일은 동서고금을 막론하고 대문 앞 공간이 맡은 임무다. 그림이 대칭적이고 추상적인 것은 그런 이유에서이고, 나는 대문을 열고 집 앞 청소로 아침을 여는 우리 정서와 크게 다르지 않다고 생각했다.

흰 돌가루로 추상적인 그림을 그리는 일은 일상의 기도이자 명상이고, 그림이 화려해진 날은 그 집안의 특별한 행사나 오늘은 우리 가족에게 의미 있는 날이라는 신호다. 폼페이에 있는 집들의 대문 바닥에는 'HAVE'(아베)라는 말이 타일로 새겨져 있는데, 이는 '어서 오세요'라는 뜻이다. 사진을 보면 사람의 마음이 보이듯 대문 앞 공간에서도 보이는 것이 있다. 이곳은 집의 사연이 뻗어 나온 곳 이상으로, 사회적인 장소이자 염원의 공간으로 존중되어야 할 곳이다.

대문을 세우는 지혜

불행하게도 물질의 야만과 소유의 이기심은 집의 문화 곳곳에 뒤엉켜 있다. 이것을 의식하지 않고서는 상인은 물건을 팔 수 없고, 건축가는 집을 지을 수도 없을 지경에 이른다. 건축과 환경에 대한 주도권을 잃은 무력감과 상실감을 메우기 위해서, 동일한 환경이 주는 낮은 수준의 연대감이라도 느끼고 싶은 마음이 사람들에게 일어나는 것 같다. 간접적인 방식과 느린 속도로 정착하는 공간의 성숙을 기다리는 일도, 거대한 것과 기계적 반복에 익숙해지는 불행에 저항하는 일도 개인에게는 버겁다.

  땅을 반듯하고 공평하게 나눈 동네에 들어서는 집과 상가의 대문은 어느 쪽에 만들어질지 모두 정해져 있다. 집을 지을 때에는 차를 집 가까이 세울 수 있게 가장 짧은 거리에, 그리고 식구들을 방해하지 않고, 사람들 눈에도 잘 띄지 않게 대문을 낸다. 급하게 집 안으로 들어온 뒤에야 우리에게는 공간감이라는 것이 피어난다. 현대적 도시의 개방감은, 창 너머의 공간과 물러난 대문을 내기 위한 벽들은 금지당하면서, 집을 오히려 더 폐쇄적으로 만들어버렸다. 벽과 지붕의 재료만이 사람들에게 중요해졌고, 숫자 없이는 각자의 집을 찾기 힘들 때도 있다. 그리고 경계 안에서 자신의 공간을 최대한 키우기 위해서 대문은 길로부터 조금도 물러서지 않고 있다.

  누구나 좋은 대문과 바람직한 관계에 대해서 막연히 알고는 있지만, 길과 집을 공간적으로 부드럽게 연결하여 그것을 구체적으로 실현하는 것이 쉽지는 않다. 어디로 들어와야 하는지 분명하게 알려야 하는 의무를 충실히 하거나, 일상적인 활동으로 그 주변을 가꾸어 서서히 자리 잡은 공간도 우리 주변에는 귀하다. 우리는 어떤 공간이 매개의 장소라는 것을 인지하고 그 특성에 대해 말할 수 있을 정도로 교육은 받았지만, 감각과 행동의 변화를 유도하는 수준의 공간을 체험한 적은 별로 없다. 대문과 홀은 많이 보았지만 단지 서로 연결되어 있다는 것, 이쪽과 저쪽은 구분된다는 것만 알 뿐이다.

전이transition는 감각, 공간, 상태에 모두 해당하며, 우리는 변화의 결과보다는 상태와 움직임을 중시할 수밖에 없다. 목적지에 도달하기 위해 반드시 지나야 하는 곳이 있고, 호박돌이 깔린 대문 앞 작은 공간처럼, 부고장이 걸린 김 씨 집 대문처럼, 변화의 영역이 존재할 때 우리는 감정의 문도 넘게 된다. 좋은 출입구는 길에서 뚜렷하게 보이는 문과 그 너머의 공간을 함께 가진다. 지금 나는 다른 풍습과 역사를 가진 세계로 들어가거나 나오는 중이라고 직접 체험할 수 있는 공간, 분명하고도 부드러운 어조로 전이를 말하고 있는 공간의 존재 여부에 대문의 생명력이 달려 있다. 독립된 주체로서 안과 밖을 분명히 알면서도 동시에 존재할 수 있는 것이다.

조심성 없는 사람으로부터 물러날 줄 아는 것, 벽을 세우지 않고 영역을 표시하는 법, 집과 담 사이에 공간을 만드는 법, 그것이 바로 대문과 오래를 만드는 지혜다. 학생들에게 대문, 계단, 창, 난간처럼 건축의 작은 부분들을 설계하는 방법에 대해 이야기할 때, 나는 건축을 인간관계나 우리의 행동에 종종 비유한다. 입구나 대문을 설명할 때도 그렇다. 선언적인 건축의 의의와 건물의 각 부분에 대한 사전적 설명은 공감을 얻기 어려웠다. 도시와 건축, 길과 집이 만나는 방법에 대해서도, 영역성이나 긴장감, 전이, 암시 같은 추상적인 표현을 말하는 데 망설여졌다. 좋은 공간을 설계하기 위해서는, 학생들이 치수와 용어를 암기하는 데 매달리는 것이 아니라 대문과 그 안팎의 공간은 어떠해야 하는지 스스로 생각하게 하는 방법을 고민했다. 그리고 공간과 사물은 추상과 관계성에 그 본연이 있으므로, 마치 사람 간의 긴장과 위안처럼, 설레는 마음으로 누군가를 만나는 모습으로 공간의 발견을 이야기했다.

오래도록 기다린 그날, 약속한 거리에서 당신은 그를 기다리고 있어요. 조금은 두렵고 긴장되지만, 저 멀리 그 사람이 보이면 미소부터 나오죠. 저렇게 많은 사람들 중에 유일하게 당신 눈에 담기는 그가 서서히 다가오고 있어요. 당신을 알아보는 얼굴의 작은 변화들을 알아챌 만큼 서로 가까워졌어요. 만약 당신을 향한 걸음이 조금씩 빨라진다면, 당신은 두 팔을 벌려 그 사람을 안아줄 준비를 할 거예요. 하지만 조금 뒤로 물러날 생각을 가지고 있어야 해요. 다가오는 속도와 반가움만큼이나 포옹의 충격은 커서, 그를 편히 안아주려면 조금 뒤로 물러서야만 해요. 그리고 다리에 힘을 꼭 주고 서 있어야 그 사람의 속도와 무게를 감당할 수 있어요. 그러니까, 길과 만나는 우리 집 대문은 조금 물러나 단단히 서 있어야 해요. 문은 구멍이 아니라 관계의 공간이에요. 벽 가운데 네모 구멍 하나 내는 것을 문이라 부를 수 없어요. 귀한 이를 만나기 위해 몸과 마음의 준비를 하는 곳이에요. 서로의 숨을 고르고, 서서히 만나게 될 자세와 장면을 설계해야 해요.

직업으로 건축을 행하고 가르치면서 가장 불행한 일은, 사람들의 집을 생각하고 실제로 지으며 품었던 목표와 이상, 합리성, 일체감, 배려, 조화, 청결, 인간애 등을 나의 삶에는 전혀 쓰지 못하는 일이었다. 책상 위와 내 방은 쓰레기장이 되었고, 우리들은 상대의 이기심에 고통 받았다. 일터에서는 비인격적인 언어가 난무했고, 현장에서는 시간 약속과 청결이 아쉬웠다. 건축은 인간에 대해 깊이 생각하는 학문과 기술이므로, 공부와 일의 과정에서 타인에게 부과하는 바람과 책임은 우리에게도 동일하다는 것을 깨닫는 데 있어서 텍스트는 결정적이었다.

집은 하나의 개념에서 비롯되었지만 숙명적으로 무수한 부분들의 통합체다. 자신의 크기와 위치를 고정하지 않은 채, 그 부분들은 각자 독립적으로 존재한다. 집에 대한 개념이 서는 순간, 그 해석으로부터 서로의 관계와 위치를 다시 배열한다. 개념이 건전하지 않다면 전체 형태는 혼돈스럽고 이 집들이 이

룬 도시의 경관은 불연속적인 모습이 되고 만다. 집은 마치 무기처럼 파괴와 보호의 양면을 드러내며, 나의 영역의 크기와 안전, 이를 위해서는 어떤 것도 불사한다. 그래서 건축가는 현재의 집을 설명할 감성과 보편적인 언어를 잃어버린 느낌을 받는다. 어떻게 집의 각 부분들을 설명해야만, 각자의 인간성에 호소하고 우리 삶을 조금이라도 나아지게 할 행동으로 이끌어 갈 수 있을까?

진심의 글을 쓰는 일은 평범한 사람에게도 자신의 마음을 살피고 반성하도록 한다. 사유는 실천을 끝없이 자극하기 때문이다. 여기 모든 문장은 나의 현재 환경과 삶의 자세에 대한 질문으로 되돌아왔다. 전문가들은 종종 사회의 문제에 대해서 자신의 분야 내로 축소한 판단을 내리면서, 본질을 흐릴 때가 있다. 이때 그들의 말은, 환경이 만든 현재의 불행을 실질적으로 담아내기에는 부족하다. 나 자신의 집과 환경에 대해 무력해지는 까닭은 이와 같은 배경에서다. 자신을 그 문제로부터 완전히 분리하여 바라보는 일은, 진리보다는 권력에 기대고자 하는 마음이 크기 때문이다.

도시의 불연속성과 불균형에도 아무렇지 않으며, 느닷없는 단절과 파괴의 환경에도 우리는 무감각해졌다. 아주 작은 집과 아주 거대한 집이 나란히 있고, 골목길이 갑자기 끊어지면서 거대한 도로와 철책을 만나고, 오래된 집과 금방 태어난 집이 어떤 완충도 없이 서로 등을 대고 있는 것을 보아도 아무렇지 않다. "네가 만들었고, 살고 있고, 설계했고, 직접 지은 그 공간에 직접 들어가보아라. 자신이 그 속에 들어가서 공간에 대해 진심으로 아파하는 마음이 있어야 한다"는 어느 나이 지긋한 건축가의 충고는 모두에게 해당된다. 좋은 사람에게서 배어 나오는 인간의 품격 덕분에 많은 사람이 정신적으로 바른 길을 잃지 않으려고 노력한다. 누구나 좋은 사람이 되고 싶어 한다. 스스로에 대해 아름답다고 느끼는 것만큼 인간으로서 행복한 일은 없다. 나는 우리가 건축이나 학문을 하면서 이상으로 삼았던 높은 목표와 너그러운 마음을 자신의 삶에도 담을 수 있기를 진심으로 바란다.

비록 말은 살아 있지만 내 집 앞이라는 말의 의미는 사라진 것만 같다. 문 안과 문밖만 있다. 경계만 있고 매개는 없다. 그래서 열린 대문은 집 안 공간의 연장도 아니며, 대문 밖과도 다른 공간이 집과 문 사이에 있다는 것을 말해주고 싶었다. 그 공간에서는 타인의 존재가 어느 정도 허용되었고, 그곳의 성격은 공공의 공간으로부터 개인의 공간으로, 혹은 그 반대로, 서서히 변화하고 서로 겹쳐졌다. 우리는 모르고 있다. 각자의 집 앞을 청소하러 나온 이웃과 인사를 나누고, 반쯤 열린 서로의 앞마당에 눈길을 던지는 느낌을. 그래서 은근하고 품위 있는 자태로 나의 영역을 지키지도 못하고, 사람들 행동의 섬세함과 사

려심이 사라지면서 조심성 있는 눈길로 타인을 바라보는 법도
배우지 못했다.

나는 어디에도 없다

공간과 사물의 이름과 외관을 말하기 전에, 어떤 사물
이 다른 사물과의 관계 속에서 가지는 위치나 상태(위상)와 용
도가 아닌, 그것의 의미 작용(장 보드리야르,《사물의 체계》)에 대해
질문해야 한다. 사라진 말과 함께 잃어버린 것은 공간과 사물
본연의 의미다. "공간은 일상생활이 일어나는 물리적 환경(다시
말해, 그 안에서 우리가 살아가는 그곳)이며, 동시에 그 환경 내의 능
동적 행위자(사회적 행동의 힘)다. 대단히 폭넓은 의미를 갖는 용
어로, 공간이라는 개념의 참조 지점들은 복잡하고 심지어 모순
적일 수 있다."(이안 뷰캐넌,《비평이론사전》)
　나는 공간의 정의 중, 환경과 관계를 망라한 광의廣義적 정의
를 좋아한다. 그리고 건축가는 어쩔 수 없이 '구상된 공간'의 정
의에 집중하는 것이 낫다고 생각한다. 자의적 기준과 관념적
해석에 연연할수록, 보편적이면서도 지속성 있는 공간을 만드
는 기술로부터 멀어진다. 세상 속에 건축을 펼치려면 자신의
문법과 어휘를 버려야 할 때가 있다. 되도록 많은 사람에게 건

축의 가치에 대한 공감의 폭과 깊이를 키우기 위해서다. 누구나 다 아는 말들로 건축을 말해야 할 때가 있다. 사람들에게 공간은 환경인 동시에 관계를 의미하므로, 건축가의 이야기는 아주 멀리, 아주 깊이 나아갈 수 있다.

고야마 노보루의 《아침 청소의 힘》이라는 책을 보면, 마음가짐보다 형식을 갖추라는 말이 있다. 나는 형식의 의미를 좀 더 성숙하게 본다. 공간은 우리 삶의 형식 중 가장 거대한 것이다. 말과 하나 된 행동의 삶을 최고의 가치로 여기며, 행동 중 공간은 아주 큰 부분을 차지한다. 환경 운동을 하는 사람은 결국 농부나 정원사가 되어 땅으로 돌아갈 수밖에 없고, 생명의 시간을 늘리는 기술을 가진 의사가 진정한 삶에 대해 의문을 품는 것처럼, 공간의 숭고함에 깊이 빠진 이들은 자연 속으로 들어가 철학자가 될 수밖에 없다.

'어떤 환경에 사는가?'는 '사람과 일을 대하는 그 사람의 자세는 어떤가?'와 같은 질문이다. 나는 '얼마나 깨끗하고 검소한가?'는 '이기심을 극복하고 몰입하도록 만드는, 당신 삶의 고귀한 목표는 무엇인가?'와 같은 질문이라고 생각한다. 대문은 집이 취하는 첫 번째 행동이고, 담과 대문과 처마는, 그 집의 사람들이 세상을 향해 품고 있는 가치관과 다르지 않다. 집을 땅에 결속하는 건 건축가이지만, 집의 도입부는 거기 사는 이들이 세상과 삶을 어떻게 대하는지를 스스로 드러낸다.

"나는 어디에도 없다. 존재하고자 애쓸수록 나머지 세계로부터 분리된다. 공존하지 않는다면 '나'도 없다는 것을 알게 되기까지 오랜 시간이 걸렸다. 헤아릴 수 없는 고통이 준 깨달음이다"라고 고故 김석철 건축가는 말했다. 나는 타인의 일부, 공동체의 일부, 시간의 일부에 불과하다. 건축도 그렇다는 것을 이제 알았다. 건물로서 존재하고자 안간힘을 쓰면 쓸수록 공존이 없는 고립으로 세상에서 분리되었다. 건물을 존재시키기 위해서 건축을 하는 것이 아니라, 존재하는 모든 것을 보고 그 사이의 관계를 인식하기 위해서 건축은 필요하다.

무아지경

세상과 타인에 비춰지는 모습에 연연하다
나를 잃는다.

점진적으로 외부와 타인으로부터 벗어나
자신을 세워나가는 과정을 거쳐야
심성과 인격이 형성된다.

타인의 대응 항으로서 '나'는 없다.
타인 중에 하나로서 '자신'만 존재한다.

건축 또한,
쉬이 보이지 않는 진정한 가치와 공감, 그리고
인간의 관계에 대해 말하지 못해서
허식과 과장으로 고립을 감내한다.

아름다움에 대한 동경과,
표현할 수 없을 정도로 심오한 감동은,

'나'를 읽을 수 없을 때,
증폭되고 지속된다.

책
장
과

독
립
심

훗날 흘러간 기억을 되짚어본다면 분명,
선생님은 저에게 바람과 같은 존재일 거예요.

―이정우

마음의 자유는 어디서 오는가

나는 마흔이 다 되어 책을 읽기 시작했다. 그전에 전공 서적이나 베스트셀러는 매년 몇 권씩 읽었지만 본격적으로 책을 읽기 시작한 것은 2009년부터다. 마치 어디 홀린 듯 3년간 100권 정도 문학과 인문 분야 책을 읽고 기록했었다. 특별한 계기는 없었지만, 인도 여행을 다녀온 제자로부터 받은 책 한 권과 은사의 죽음에 대한 충격이 그 시작에 있었던 것 같다. 공허함으로 매주 책을 사고, 읽고, 글을 썼다.

좋은 책을 보는 눈은 그때부터 조금씩 생겨났다. 내가 가진 것만으로 자립심과 용기를 가지게 된 것은 독서와 기록 덕분이다. 글은 사람들 사이에서 큰 힘을 발휘한다. 누구에게나 공평하고 쉬운 방법으로 공감을 전하는 글의 힘은 실로 대단하다. 책의 소용이 점점 줄어든다고 하지만, 모두가 연결된 망 위에서 훌륭한 글은 생명력이 더 커질 것이라고 믿는다. 게다가 성숙한 텍스트와 사람이 하나가 된다면 이보다 아름다운 조화는 없을 것이다.

독서는 이렇게 2009년 여름, 나에게 우연히 다가와 깊고 강한 무엇을 새겼다. 현재의 나는 그때 다시 태어난 것과 같다. 독서는 나 자신의 이야기 혹은 타인의 놀라운 이야기에 대한 공감을 초월하여, 한 인간의 고독과 불행을 담담히 직시하게 하는 마음의 힘을 키워주었다. 그리고 여전히 부조리한 사회 속에서 외로움에 허덕이고, 문득문득 나 자신을 삼켜버리는 마음의 불행을, 부정도 긍정도 하지 않은 채, 있는 그대로의 사실만을 똑바로 바라보게 해주었다.

용기와 독립심, 외면과 말의 허상을 직시하는 고요한 용기 그리고 무지와 탐구에 자신을 드러낼 수 있는 진솔함은 책이 준 가장 훌륭한 선물이다. "독서가의 힘은 정보를 수집해서 정리하고 목록화하는 능력에 있는 것이 아니다. 이는 눈으로 읽은 것을 해석하고 관련지어 생각해서 변형시키는 재능에 있다." (알베르토 망구엘,《밤의 도서관》) 읽은 것들이 많아지고 깊은 눈을 가질수록, 인상적 은유와 독창적 문장들이 마음에 남아 세상으로 펼쳐진 나의 말과 글도 담백하고 풍부해졌다.

좋은 글은 글 쓰는 이들에게 영감과 에너지를 주고, 아름다운 공간은 사람들에게 자신의 환경을 바꾸고 싶은 욕구를 자극한다. 시인의 글을 읽으면, 내 마음속에는 건축가의 글이 쓰이고 있었다. 나는 글을 쓰기 전, 좋은 책의 몇 페이지를 먼저 읽거나, 멋진 합창과 공연을 듣는다. '세상에는 이처럼 훌륭한 조화와 생명력 있는 유산이 넘치는데, 나는 기록하고 그릴 자격이 있는가?'라는 무거운 질문을 던지고 글쓰기를 시작한다. 동시에 우리에게 용기를 심어주고 감동으로 가슴 저린 장면 속에 있는 아주 깊은 메시지를 의식한다. 그럴 때, 공간과 사물 앞에서 내 마음에 일어나는 감상을 묘사할 말들을 찾는 데 신중해진다.

두껍고 높은 책장 앞에서 손과 눈으로 책의 벽들을 훑으면, 한 권이 태어나 누군가의 손과 마음을 거쳐 어딘가에 정착할 때까지, 책도 일생을 살아간다는 생각이 든다. 작가의 마음속에서 피어난 상념은 글자로 책을 짓고, 그것이 세상으로 나오기까지 함께 읽고 엮은 이들의 염원을 거쳐, 세상의 책장에 오른 어느 날, 한 사람의 손에 선택되어 그 사람의 집으로 옮겨진다. 이런 식으로 한 권 한 권 모여 어느새 우리와 함께 살아가고 있다. 마치 벽처럼, 창처럼 집의 일부가 되고, 마치 가족의 사진첩처럼, 순서 매겨진 책들은 꺼내보아 주기를 기다리는 역사와 같다. 책장은 한 사람, 한 가족의 삶을 말한다. 삶이 없었다면,

사물과 시는 존재하지 않았다. 이들을 담기 위해 공간과 책이 필요했고, 겹겹이 세우고 눕힌 책들은 책장의 존재를 잊고 우리의 인생과 하나가 된다.

어떻게 살고 싶으며, 어떤 사람이 되기를 바라는지, 즉 집과 시와 책은, 삶의 바람과 동의어다. 책장의 구조와 그 사람의 공간에서 발견한 책의 배열들을 살펴보면, 그는 어디에 의지하며 살고 있는지, 그의 인생에서 큰 의미를 주는 것은 무엇인지 알수 있다. 나는 누군가의 집과 사무실에 들르면 그들의 책장을 자세히 보는 습관이 있다. 어떤 책이 얼마나 꽂혀 있는지도 살펴보고, 책장은 어떤 소재로 만들어졌고 어떤 분류법을 가지고 있는지에 대해서도 관심이 간다. 고통을 차곡차곡 쌓아 굳어진 지층 같은 책장이 있는가 하면, 쇼윈도나 섬네일thumbnail처럼, 나열과 전시에 공을 들인 책장도 있다. 단 한 권의 귀함을 새기는 책장이 있는가 하면, 맹목적으로 그 분량과 다양함에 집중한 수집가의 책장도 있다.

책의 보관법은 책의 분류법만큼 공간적인 변화를 겪어왔음은 잘 알려져 있다. 책을 눕히느냐 세우느냐, 책등이 보이도록 하느냐 책 표지가 보이도록 하느냐, 책장에 문을 다느냐 마느냐, 어떤 책은 드러내고 어떤 책은 감추느냐 하는 고민은, 거대한 국립도서관부터 개인의 책꽂이 그리고 이북e-book 서재 같은 무형의 공간까지 공통된 것이다. 책은 누구에게 있어야 하는가? 책은 얼마나 있어야 하는가? 몇 권의 책을 가진 것이 중요한가, 아니면 얼마나 소중한 책을 가지고 있느냐가 중요한가? 서재는 어떤 공간인가? 책을 보관하는 곳인가, 아니면 지식을 쌓는 공간인가? 혼자의 공간인가, 아니면 공동의 공간인가? 무수한 질문들은 역사를 관통했고 이제, 책과 관련한 각자의 공간은 새롭게 태어나는 중이다.

  개인이 서재를 가지는 것은, 자신의 밭을 가지는 것과 마찬가지로, 그의 일생에서 큰 의미가 있다. 먹고사는 문제를 스스로 해결하고 인간은 땅에 종속되었음을 깨닫게 해준 밭을 일구는 일은, 책을 정리하고 분류하고 공간을 만드는 일을 통해 정신의 집을 세우는 일과 똑같다. 책의 정리는 분류와 배치의 순서를 거치고, 무게와 부피의 문제는 책장의 영역과 재료를 계산한다. 그리고 이 과정에서 자신만의 체계를 정립한다. 분류법과 배치는 자신의 가치관을 대변한다. 괴테는 "우리에게 일어나는 모든 일은 그 흔적을 남긴다. 모든 것은 알게 모르게 우리의 모습을 만든다"라고 했다(《빌헬름 마이스터의 수업시대》). 가족과 동료, 집과 일터 혹은 자주 가는 체육관이나 카페 그리고 내 책상에 올려져 있거나 가방 속에 들어 있는 책으로서, 나는 어떻게 만들어졌는지, 현재의 나는 어떤 사람인지 정의된다. 책을 읽고 있는 사람을 보면 그 책 제목이 늘 궁금한 이유다.

책의 분류는 좋은 사색의 소재다.

— 발터 벤야민, 〈나의 서재 공개〉

책을 정리하는 나른한 습관은 대장장이가 망치를 휘두르고, 농부가 말을 끌고 다니는 것과 다를 바가 없다. 그 습관에는 경험을 바탕으로 세상사를 상식적으로 판단하는 교훈이 담겨 있다.

— 알베르토 망구엘,《밤의 도서관》

상대의 책꽂이에 어떤 책이 꽂혀 있는지 알기 전에는 잠자리를 함께하지 말아요!

— 테레사 조던,《생활수업》

조지[남편]는 병합파다. 나는 세분파다. 그의 책들은 민주적으로 뒤섞여, 문학이라는 깃발 아래 통일되어 있었다. 어떤 책은 수직으로, 어떤 책은 수평으로, 심지어 어떤 책은 다른 책 뒤에 꽂혀 있기도 했다. 내 책들은 국적과 주제에 따라 소국들로 분할되어 있었다.

— 앤 패디먼,《서재 결혼시키기》

책만큼 매력적인 가구는 없다.

— S. 스미스 홀젼드 부인,《회상록》

의미 없이 나열된 수많은 자료들이, 정보와 지식의 단계를 거쳐 궁극적으로 인간에게 진정한 지혜가 되는 단계까지(러셀 악코프) 책장은 그 역할을 다할 것이다. 밀레나 예젠스카는 "인간의 가장 큰 특징은 정신적인 축적과, 무엇이든 더 중요하고 덜 중요한 것을 나누는 위계의 본능이다"(《살다》)라고 했다. 책장은 모든 인간에게 내재한 축적과 위계의 본능을 펼치는 공간이다. 새로운 책이 등장하거나 나의 변덕이 일어날 때마다, 끝없는 보완과 이동으로, 공간과 지식의 불완전성을 나에게 가르쳐준다.

마음대로 확장과 재배열이 가능한 공간은 없다. 그래서 지혜로운 사람은, 원칙과 개념의 정립에서 제일 먼저 해야 할 일은 그 한계를 설정하는 일이라는 것을 알고 있다. 공간의 끝을 미리 정해두면, 그 안에서의 대비로 무한의 확장이 가능해진다. 개념은 형태나 개수가 아니라 추상적 목표이므로, 우리가 세운 체계는 언제든 변할 수 있다는 것을 받아들인다. 우리는 자신의 우주 안에서, 스스로 세운 체계가 흔들릴 때는 다시 다른 체계를 생각해내는 능력이 있고, 우리의 책장에도 매번 달리 세운 나의 역사가 있다.

최근에 설계한 몇 채의 집은, 책장이 주인공과 같은 집들이었다. 가족의 호기심과 역사, 구성원들의 교육과 직업을 이처럼 잘 축약하는 것도 없었다. 그래서 책의 공간은 어디에, 어떻게 만들어져야 하는지가 각 집의 설계에서 중요했다. 처음에는 책의 양이 문제가 되어 서가의 길이와 높이를 계산하지만, 지어질 집 안팎을 엿보게 되면 책의 공간에 대한 꿈이 커진다. 예전에는 자신의 집 거실의 조망과 방의 개수나 크기에 관심이 많았지만, 지금은 책장과 서재의 비중이 커졌다. 책은 가족의 추억을 불러오는 주제어들 같기도 하고, 집에 걸어둔 가훈이나 명언처럼 서로의 마음을 다잡는 약속과 희망이기도 했다. 책과 공간의 물리적 관계에 있어서도, 크고 아름다운 공간을 기꺼이 할애하며 집의 중심에 두기도 했다.

각자의 집에는 귀한 대접을 받는 책, 편하고 친근한 책, 이리저리 이사를 다니면서도 책장을 떠나지 않는 책이 있다. 책 한 권에도 희로애락의 일생이 있는 것처럼, 책장은 다양한 사람을 담는 도시처럼 책의 이동과 안정을 모두 품고 있다. 각자의 집처럼 책의 자태도 공간적으로나 외연적으로나 제각각이다. 귀한 책들을 책궤에 넣어 보관하던 전통처럼, 귀한 종이나 천에 싸서 눕혀 따로 보관하는 책이 있었다. 그 책을 만나려면 반드시 그의 집을 찾아야 하고 주인의 허락을 거쳐야 한다. 귀한 책을 키 큰 서재의 제일 위쪽 단에 두는 이의 집에서는, 사다리를 타고 올라가야만 거기에 닿을 수 있다.

나의 서재에서도 재배열과 이동에도 불구하고 늘 자신의 자리를 지키는 책들이 있다. 이들에게는 늘 네 번째 단을 내어준다. 책상에 앉아 팔을 뻗을 때도, 책을 찾으려고 서가 앞에 서더라도 제일 좋은 자리다. 책의 내용만큼이나, 그 자리의 책들은 자태도 아름다웠고, 나의 손길도 잦았다. 너무 많은 지식이 문제가 된 지금, 지식 습득의 중단 지점을 알려주는 시스템을 세우려고 했던 노력들 덕분에 인간의 질문이 어딘가에서 멈출 수 있었던 것처럼(데이비드 와인버거, 《지식의 미래》), 다행스럽게도 공간의 제약 때문에 책장과 서재의 확장은 중단되었다.

우리는 책장이 정신의 합창이 아니라, 책등의 전시라는 함정에 빠지기 쉽다. 책의 몸은 각자 매혹적이고 상이하여, 독서에 연결하지 않고 전시에 연결하고 싶어진다. "책장에 진열하는 책은 다소 남을 의식하고 선택해야 한다. 책장을 본 사람이 어떤 인상을 받을지를 깊이 고려하는 것이다."(나루케 마코토, 《책장의 정석》) 이런 문장이 공공연해질 정도로, 사물은 진정한 의미를 잃고 장식 혹은 해결사로 전락했다.

우리 분야에서 정말 나쁜 책들은, 물건을 보면 그 사람이 보인다든가, 가구와 방이 아이를 바꾼다든가, 집이 인생을 바꾼다든가, 도시가 사람을 바꾼다고 선언하는 책들이다. 가구와 방은 아이를 변화시키지 않는다. 아이는 가족과 사회가 만든다. 아이 스스로 여행도 가고, 책도 많이 읽기 바란다면, 부모가 그렇게 살면 된다. 살아보면 그게 얼마나 어려운 일인지 알게 될 것이고, 더 이상 아이에게 자신의 바람을 강요하지 않게 될 것이다.

부모 자신도 독서와 고독으로부터 자유와 성숙을 발견했으므로, 책상을 사주고 벽지를 바꾸는 일이 아니라, 기다림과 경청으로 아이를 있는 그대로 사랑할 수 있다.

집이 인생을 바꾸지도 않는다. 삶을 바꾸고 싶어 하는 사람이, 노력 없이 공간을 사서 더 고귀해지는 것을 나는 본 적이 없다. 도시가 사람을 바꾼다는 말도 어불성설이다. 사람이 공간을 바꾸고 도시를 바꾼다. 인간은 이토록 지독하며 변화하기 어렵다. 출판사와 건설회사와 가구회사의 광고 문구를 인생의 모토로 삼을 만큼 일상의 환경에서 우리는 행복하지 않다. "인간이 건축을 만들고 건축이 인간을 만든다"라고 했던 처칠의 말을 사람들이 여기저기 쓴다. 그나마 외연에 속지 않고 공간의 추상적인 아름다움을 볼 줄 알고, 인간관계 속에서 사색과 실천으로 지혜를 찾는 사람에게 사물과 공간이 미약하게나마 어떤 역할을 할 뿐이다.

어떤 것이든 해석하고 시각화하는 것이 현대의 강력한 특징이다. 무형의 가치였던 것들조차 이미지화되고 공간화되는 것, 그에 따라 많은 것들이 배제되는 일들을 막을 방법이 없다. 노동의 개념을 정량화하기 위한 기준과 규칙 들은 우리의 두려움을 이용한 것이다. 이미지와 공간의 지배력은 막강해지고, 직관과 노동은 자발성을 무시하고 각자의 가치를 획일화하는 것만 같다.

나는 일상의 공간에서도 사색의 힘을 가질 수 있다는 자신감에서 이 책을 썼다. 그래서 사람들이 타인의 시각과 패턴의 공간에 함몰되지 않기를 바랐다. 책장이나 서재에 대해서도 책과 가구의 형태가 아닌 책의 본질을 물어보는 일이 우리에게 첫 번째 순서가 되면 좋겠다. 우리가 우연 혹은 의지에 이끌려 책으로 다가간 그 순간 품었던 의심과 희망은 분명 책의 형태를 앞선다. 책과 나 사이에는 무엇이 있었을까?

책과 사람 사이, 책과 책 사이, 텍스트와 책 사이

 책이 없는 채로의 책장과 서재, 도서관을 상상해본다. 그리고 서재와 서재 사이의 공간, 서재의 빈칸과 책 사이의 간격을 생각해본다. 텅 빈 책장은 책의 처음이자 끝이다. 책이 채워지기 전, 이 공간의 고요함이 마치 침묵의 진공 상태처럼 느껴졌다. 책장은 '침묵의 저장소'다(뤼스 이리가레,《사랑의 길》). 아무 말도 하지 않고 서 있는 책장과 책상을 보며, 이렇게 사물과 공간은 우리에게 수많은 감정을 만드는구나 하는 생각이 들었다.
 지난했던 과정을 뒤로 하고 완성한 공간 속에서 당연히 가질 법한 건축가의 자부심이나 후련함 대신, 깊게 내려앉은 고요함으로부터 건축의 원초적인 힘을 알게 되었다는 표현이 더 적절하다. 건축의 가장 높은 단계는, 그 공간의 체험으로 인간의 철학과 행동을 바꿀 수 있는 수준이 되는 것이다. 나는 아이들의 도서관을 만들면서도, 아이들이 책에 너무 가까이, 너무 빨리 다가가지 않도록, 그 사이의 공간과 시간을 더 많이 의식했다. 미리 정해지지 않은 것들, 추상과 자연의 색이 아이들의 공간에도 필요하다는 것을 알았다. 캐릭터와 알록달록한 색으로 아이들의 공간을 만드는 일은 경솔하다. 아무것도 그려지지 않은 상태, 색과 배경의 관계를 이해하는 일, 시선과 움직임에 대한 경험이 더 중요하다. 나는 책의 공간을 얻은 이들이 자신 안에서 자유롭고 독립적인 존재가 되기를 바랐다.

사람들이 책의 정리를 말하기 전에 공간부터 말한다면 좋겠다. 어떤 책을 살 것인지보다는, 어떤 곳에서 책을 읽을지를 생각하면 좋겠다. 건축가로서 공간이 모으고 있는 책의 내용을 보고 도서관을 만드는 일은 어렵지만, 사람들이 어떻게 읽기를 바라는가에 따라 그곳의 분위기를 만드는 일은 선명했다. 홀로 책상에 앉아야 읽기가 좋은 것 같지만, 우리는 정작 갈 곳이 없어 책장 앞을 서성이거나, 창턱에 책을 올려놓고 생각에 잠기거나, 바닥에 엎드리거나 누워서 책 옆에서 쉬거나, 책을 매개로 누구와 함께하고 싶을 때가 많다.

독서는 세상과의 접점을 열어두는 독립성의 활동이었다. 책을 잘 읽는다는 것은 완전히 폐쇄된 공간에서 절대적으로 몰입

하는 것이 아니라, 종종 고개를 들어 하늘을 보고 바람을 얼굴에 맞으며 때로는 책으로 얼굴을 덮어버리며 책과 세상 사이를 방황하는 일, 그 방황 속에 방금 책에서 읽은 문장을 다시 새겨보는 일이다. 특히 어린이의 독서에는 책을 권하는 사람과 책 읽는 환경과 동반자가 참 중요했다. 책을 읽는 일은 모니터나 페이지를 보는 것과는 다른 일이었다. 비단 책뿐만 아니라 읽기는 물리적인 공간을 차지하는 신체적 활동이었다. 계단을 구상하고 지을 때와 마찬가지로, 독서와 정리의 공간 역시 사람의 치수와 움직임이 기준이 되었다. 도서관과 공부방을 놀이터처럼 만드는 것은 안 될 일이지만, 공부와 사색은 육체적 활동이며 공간과 조화를 이루어야 정신도 성숙해질 수 있다는 점은 분명하다.

책의 공간을 만드는 일은, 공간의 주인공들을 이해하는 일이었다. 교장 선생님 말로는 매달 부모님들이 돌아가면서 맡게 된 학교 도서관 사서의 자리에 누가 오느냐에 따라 도서관을 출입하는 아이들과 대출 도서의 숫자가 완전히 달라진다고 했다. 자신을 알아봐주고 정성껏 책을 권해주는 사람이 있을 때 책장 사이의 공간에는 활기가 자리 잡았다. 결국, 책의 공간을 잘 만드는 법은, 책과 사람 사이, 책과 책 사이를 비워두는 일이었다.

어떤 사람과 사물을 이해하거나 관찰하는 데에는 스스로 조절 가능한 다양한 거리가 필요하다. 거리를 조절하면 관계의 양상이 만들어지고, 그 거리가 아주 좁혀지거나 아주 멀어지면 서로에게 변화가 일어나기도 한다. 초상화의 원리에서는 대상과 화가 사이 거리가 1미터보다 가까우면, 화가가 대상에게 직접적인 영향을 받는다고 한다. 대상의 개성이 화가의 화법을 변화시켜서, 늘 의식하고 있던 원칙의 윤곽과 비례를 흔든다. 거리는 인간의 운동과 연상을 통해서, 감각을 복합하고 인지하는 시간과 공간 전부를 말한다.

  책과 우리의 거리는 너무 가깝거나 너무 멀다. 예전에는 이 거리에 대해 알지 못했다. 책에 더 가까이 가지 못해 안달했지만, 책으로부터 조금 멀어진 지금, 책장과 나 사이에 존재하는 공간의 긴장감을 의식하고, 문장과 삶 사이의 시간과 거리를 조정하는 것이 바로 책의 선물이었다는 것을 깨달았다. 책의 공간의 요소들은 무엇이고 그들은 어떠해야만 할까?

  책을 만지고 잠시 멈출 수 있는 책과 책 사이의 통로, 책이 책장을 벗어나 독서가 되기 위해 이동하는 길의 분위기, 어둠과 빛을 구분하여 책 읽기 영역을 한정하는 조명, 책에 매몰되지 않도록 고개를 종종 들 수 있도록 만들어진 창과 천정, 책을 찾아 나서는 걸음의 품위를 더해주는 부드러운 바닥, 책의 무게로 적절히 휘어진 수평의 선반들, 책을 바로 세우고 책 사이의 공간을 지켜주는 북엔드, 어느 순간 이 모든 것은 독립적인 언어가 된다.

이들 덕분에 책의 공간 속에는 상징과 은유가 풍부해지고, 구조와 요소의 해부가 일어난다. 책을 보는 것과 만지는 것의 차이로 우리의 감각은 풍부해지고, 한 권의 책과 여러 권의 책은 주제와 공간으로 각각 나아간다. 가구는 읽기의 연장선으로, 공간과 행위를 연결한다. 궁극적으로 독서는 생각에 날개를 달아주어 인간의 잠재력을 발견하도록 했다. 생각을 새기기 위해 멈추기도 하고, 다른 데로 벗어나기도 하고, 무관한 것들과의 연결을 발명하기도 한다. 그러므로 독서는 반드시 자신의 글쓰기와 이어져야 한다.

아버지의 책장

삶을 진열하고자 하는 이들은 책으로 벽을 쌓는다. 진심으로 살고자 한다면, '타인의 나'로부터 '자신의 나'를 세우는 일이 독서의 본연임을 인정하고 책과 인간 사이에 무엇이 존재할 수 있는지 생각해야 한다. 누군가의 책장을 곰곰이 살펴보면 찾을 수 있는 삶의 단서 같은 것이 있다. 이러한 관찰로부터 우리는 그 사람의 소망과 절망이 그곳에 동시에 존재한다는 것을 이해하게 된다. 나는 왜 아버지의 책장에 백과사전과 인류학 책이 있는지 몰랐었다. 어릴 때 그 책 속 낯선 사진들을 들여다보며 아버지의 호기심이 특별하다고만 생각했다.

　책과 사람 사이의 거리에 대해 생각해보니, 운수회사에서 버스 노선과 운전수 관리를 담당했던 아버지의 책장이 예사롭지 않았던 것 같다. 《아프리카 백과사전》은, 내 책장을 절대 떠나지 않는 레비스트로스의 《슬픈 열대》와 닮았고, 파스칼의 《팡세》는 니체의 《인간적인 너무나 인간적인》과 닮았다. 내가 이 두 책을 열렬히 사랑하고 의지하는 데에는 이유가 있듯이, 도시와 산골 구석구석 자유롭게 누비지만 결국 제자리로 돌아와야만 하는 버스 노선을 그리면서 아버지의 마음만은 때때로 그 너머로 아주 멀리 달려갔던 것이다.

　돌아가신 지 100일 만에 친정에 들러 아버지의 책들을 정리했었다. 아버지는 이웃 회사 다이어리에 '시사참고'라 제목을 붙이고, 시사용어 정의를 마치 사전처럼 적어두셨다. 신문이나 대화 속에 나오는 단어들을 매일, 적게는 한두 개, 많게는 대여섯 개씩 기록해놓은 수첩이 열 권이 넘었다. 바이오 시밀러, 신중년, 제프 쿤스, 거점 학교, 맛의 방주, 밀면, 포퓰러 스리(3), 애니팡…… 현재의 언어들이 거기 다 있었다. 동생과 나는 그중 한 권씩만 각자의 집으로 가져왔다. 아버지는 병색이 짙어졌지만 자기 연민이나 충동적인 행동이 거의 없으셨다. 타고난 성정이 어질고 착한 분이라 생각했는데, 사실은 삶의 관심사와 반경이 급격히 축소되는 자신을 잃지 않기 위해서, 현실과 자신의 거리를 늘 재고 계셨다.

> 아버지의 커다란 책상에는 파란색과 갈색 표지의 서류철들이 가느다란 리본에 묶여 마치 테를 두른 듯 가장자리를 빙 에워싸고 있었다. 한때 벽 두 곳을 바닥부터 천정까지 가득 채웠던 목재 책장은 텅 비었고, 과다한 책의 무게를 감당하느라 휘어져 있던 책장의 위쪽 선반들은 본래 위치로 돌아와 있었다.
>
> ─소날리 데라냐갈라,《천 개의 파도》

아버지의 책장 선반은 단 한 번도 휜 적이 없었다. 햇살과 책의 무게는 책장의 운명에 아무 역할을 하지 못했고, 유리문 안에 있는 기념품처럼 책들은 변함이 없었다. 비어 있고 수평이 꼭 맞았던 아버지의 책장은, 마치 내가 갈 수 없는 세상처럼, 독립적인 자신의 공간으로 영원히 완성되지 못했다. 우리 가족들에게도 생생한 추억과 성찰로도 새겨지지 못했다. 누구에게나 인생의 마지막 순간까지 가치 있게 살아가도록 생각을 지켜주는 것은 인간의 품위와 자존감에 대한 갈망이다. 삶의 성과를 간직하고, 세상과 자신의 거리를 이해할 책장과 책상이 누구에게나 꼭 필요하다. 우리는 '자신'이 되고 싶은 것이 아니라, '자신이 이해하고 싶은 것'(미셸 루트번스타인 외,《생각의 탄생》)이 되고 싶은 것이다.

책장의 조건

율리안 아펠리우스라는 독일의 디자이너는, '넘어지다'라는 뜻을 지닌 '토플Topple' 책장을 풀포Pulpo사를 위해서 만들었다. 마치 흔들의자처럼 책의 무게와 위치에 따라 좌우로 5도씩 기울어지게 만들었다. 무게를 줄이고 책이 미끄러지는 것을 완화하기 위해서 철제 선반과 옆판에 규칙적으로 구멍을 냈다. 책으로 다 채워지지 않는 한 책장은 항상 어느 한쪽으로 기울어진 것처럼 보인다. 디자이너는 책장이 덜 채워졌을 때 책들이 자연스럽게 기울어지는 모습을 유심히 보았을 것이다. '책이 놓이는 순간 한쪽으로 기울어지는 책장'이라는 제품 설명과 책이 자연스럽게 기울어지는 각도는, 안정감과 수평을 찾는 책장의 조건에 대립한다. 아이러니하게도 이 책장은 책이 채워져야 균형이 잡히고, 한 권 한 권 놓일 때마다 스스로 자신의 균형을 달리 잡는다.

여기에서는 기단과 가장 아래 선반이 책장의 주인공으로 등장한다. 우리가 한 번도 관심 가진 적 없는 그 부분이, 위로 올라갈수록 선반이 작아지는 사다리꼴 모양 책장에서 제일 중요해졌다. 공간에 관한 사물은 다른 사물보다 더 철학적이다. 그 사물은 아주 오랜 시간 인간과 함께 진화의 과정을 거치며 성숙되거나, 정면으로 부정되거나, 잊히거나, 다시 살아났다. 그리고 유머와 역설로 인간의 역사에 리듬을 주었다. 유머는 고단함과 장애를 이기는 힘이 되고, 우리는 그것을 보고 사용하는 것만으로도 사물의 탄생에 내재한 인간애를 이해한다.

모든 가구는 디자이너의 질문과 철학을 담고 있다. 의자는 어떠해야 한다는 통념에 종속되지 않고, 그 의자에 앉아서 어떻게 자세를 취하고 어떻게 경치를 응시하며, 그 행동과 관찰이 궁극적으로 인간관계에서 어떤 의미를 가질지를 앞서 그린 사람이 디자이너다. 책장은 어떠해야 한다는 조건들은 아주 직관적이다. 무게와 기울어짐에 대항하여, 튼튼하고 안정적이어야 한다. 습기와 열기와 먼지로부터 책을 보호해야 한다는 조건들은, 모든 공간의 기본 조건들과 같다.

책장에서 가장 사랑받는 단은 우리의 눈높이에 있다. 모든 책이 그 단에 세워지고 싶은 반면, 애매하고 무시되기 쉬운 곳은 가장 아랫단이다. 책장 가장 아랫부분은 항상 바닥에서 띄워져 있거나 다른 판으로 만들어진다. 바닥의 습기와 먼지의 문제도 있고, 공간을 만드는 벽과 바닥에 직접 이어지므로 건축가는 이 부분을 달리 생각해야 했다. 벽과 바닥이 만나는 곳은 더러워지기 쉽다. 그리고 서로 다른 재료가 만날 때는 이 둘의 분리와 결합을 완화하는 무엇이 필요하다. 이 부분을 걸레받이나 재료 분리대라고 하는데, 책장의 기단 부분을 영어로는 스커트skirt라고 한다. 몰딩처럼 이 부분을 장식으로 더욱 강조하거나, 반대로 아예 없어서 첫 번째 선반을 바닥에서 띄우기도 한다.

전통 가구에서도 책을 보관하고 진열하던 책장(책감, 책궤 등)과 사방탁자들은 다른 가구에 비해 다리가 높았다. 현대의 가구는 건축의 일부라는 생각이 지배적이라 공간의 구성 방식과 치수들을 의식하여 만들어진다. 그러나 예전에는 바람이 잘 통하도록 책장의 다리만을 높이기도 했다. 책을 넣고 빼기 용이하도록 문의 크기가 큰 편이었고, 나무로 책장을 만들 경우, 모든 가구들이 그렇듯 나무의 성질을 이용하여 책장의 각 부분을 만들었다. 나무의 무늬가 아름다운 것은 문으로, 넓고 탄력성이 있는 나무는 판재로, 단단한 나무는 골격재로, 가볍고 뒤틀리지 않고 광택이 없는 것은 각 층의 널이나 옆면으로 사용했다.

초보자들이 가구를 만들면 가장 먼저 만드는 것이 책장 혹은 책꽂이인데, 이는 건축을 가장 잘 이해할 수 있는 사물이다. 그들은 구조와 칸막이를 먼저 그리고, 사물의 크기와 성질을 이해하고, 구성과 표면의 원리를 찾고, 세상사의 분류와 위계를 의식한다. 무無의 상태에서 어떤 구조가 탄생하는 것을 목격하는 것이 만들기가 가진 매력이다. 독자적 구조가 되면 스스로 설 뿐만 아니라 건축의 운명인 실용성과 분할을 만난다. 그다음, 상징으로서 언어로 독립하거나, 경험이 수반되어야만 작동하는 건축의 원리를 이해할 수 있다.

구성과 기능을 통해 사물의 조건을 이해하는 것이 우리가 사물을 대하는 바른 자세다. 공간과 사물이 의미를 가지는 이유는, 그것들이 반드시 의도와 구축을 거쳐야 했고 그 안에는 사물을 필요로 하는 이의 의지와 감정이 담겨 있기 때문이다. 구축 이후에 인간의 손을 거치고 운동으로 다양하게 지각된 감각을 통해 우리 안에 어떤 세계와 가치관이 만들어진다. 기하학적인 패턴을 이해하는 것은 혼란스러운 인생에 있어서 새로운 질서의 우주를 만들어준다. 책의 축적과 그 분할, 책으로 시작되어 더 나아간 우주는 책장의 심오함이다. 어떻게 건축과 공간이 만들어지는지 그 창조적 과정의 총괄자로서 건축가 혹은 인간의 제어를 이해하는 일이다.

  책장과 서재를 만들고자 할 때, 책을 읽는다는 것은, 행동과 공간으로서는 무엇을 표현하는지를 생각해본다. 책을 정적인 활동의 소재로 생각하지만, 나 자신조차 책 읽기 몇 분마다 자세를 바꾸고 등받이를 이리저리 조정하고, 일어나 서성이고, 엎드리기를 반복한다. 그리고 책의 친구들—커피, 음악, 노트, 색연필, 다른 책들까지—을 불러온다.

  우리는 책 자체보다 책의 공간이 주는 친밀감과 신비로움을 진심으로 사랑하는지도 모른다. 책을 파는 서점은 점점 사라지지만, 다른 한쪽에서는 마치 억눌려왔던 것처럼 책과 연결된 공간들이 태어나고 있다. 공동의 경험이 가장 큰 힘을 발휘하는 도시와 건축의 건설에 있어서도 이곳은 아직 유연하게 남아 있는 것 같다. 책의 분류와 정리의 문제를 떠나, 개인화된 사회에서 각자 살아가는 방식과 독서와 깊은 관계를 맺는 이들이 늘어나면서, 그 공간의 의미와 외관도 시험 중이다. 공간에 대한 주도권을 가지기는커녕, 마치 밥을 먹듯 일상이었던 공간과 사물을 스스로 만들어내던 기억마저 사라진 지금이야말로, 마비되었던 팔꿈치와 손가락 마디와 무릎 관절을 써가며 무언가를 만들 기회다. 책장은, 책을 모을 공간이 아니라 나를 담을 공간이다.

책장과 독립심

만약 세상에 대해 울분이 가득해진다면,
모든 것이 다 불공평하다 생각된다면,
그리고 고독으로 견디기 힘들어진다면,

자신만의 책장을 짓자.

존경과 사랑을 받고
나의 재능을 베푸는 인간이 되기를
간절히 바란다면,

나만의 책장을 짓자.

평등하고 고요하고 서로 연결되어 있으며,
쌓이면 쌓일수록
마치 합창처럼, 벽화처럼 아름다워지는
나의 책장에 의지하자.

책은 정원과 함께 존재하는 것이 아니라
길과 사람 사이에 존재한다.

도시와 관계에서 가장 사랑받는 것은
조화와 경청이므로.

탁자의

초대

거리에는 햇볕이 내리쬐고 있었다.
약간 취한 것 같은 기분이 들었다.
누군가와 대화를 나누고픈 마음이 간절했다.
믿을 수 있는 사람,
나와 같은 느낌을 공유할 수 있는 사람과.
'사건' 이야기를 하겠다는 게 아니었다.
그냥 인생에 대해, 세월에 대해,
전부 혹은 아무것도 아닌 화제로 대화를 나누고 싶었다.

— 필립 클로델,《회색 영혼》

관계의 배치

커피를 홀로 마시다 보면 옆 테이블 대화나 정경을 피할 수 없을 때가 있다. 작업실이 대학병원 근처라 간혹 연배가 어울리지 않는 사람들이 함께 카페에 앉아 있는 것을 본다. 아버님이라 부르는 것을 보니 시아버지와 며느리 사이인 것 같다. 맛있다며 커피를 후루룩 소리 내어 마시는 할아버지 앞에서 꼬박꼬박 존댓말을 쓰는 여자는 아름답고 어른스럽다 생각했다. 카페의 시멘트 블록 벽에 대한 이야기나, 여름이 다가오니 옷 한 벌 장만해야지 않겠냐는 이야기, 손자들의 중간고사 이야기, 휴대전화 스팸 문자들을 지워주는 손길……. 이어폰 볼륨을 낮추고 무심하고 일상적인 대화를 듣고 보고 있으니 누구나 그 자리에 대신 마주할 수 있는 삶의 평범함에 숙연해졌다.

다른 탁자의 대화 주제가 막 바뀌었다. 얼마 전 담근 김치가 맛있게 익어가고 있다든가, 고추 농사가 끝물이라 자잘한 것들을 정리하면 된다든가 하는 일상의 대화들이 귀에 박힌다. 사랑과 배려가 담긴 일상의 대화를 서슴없이 나누는 사람들이, 존재와 의미에 대한 추상적인 주제를 숙고하는 사람보다 진짜 인간과 삶의 철학에 가까이 간 사람이라는 생각이 들었다.

삶은 내가 결정한 것이 아니라 그냥 주어졌다. 타인과의 대화는 그 무엇보다도 적절한 도구로서 자신의 생명에 의미를 부여한다. 우리의 사고도 결국, 삶을 드러나게 할 수 없다면 아무 의미도 없을 것이다. 탁자는 서로를 자신의 세계로 초대하는 것과, 말의 공유가 시작되는 곳이다. 함께 나누고자 하는 초대이며, 차이의 초월로 나아가기 위해서 감각적인 것을 서로 나누자고 제안한 증거다. 나이가 들면 사람 앞에 나서지 못한다, 그저 사람 뒤에만 서게 되는 것이 서글프다 하셨던 아버지가 생각났다. 지금 이들처럼, 나도 그랬고 아버지도 그랬다. 마주 앉기를 초대하는 탁자와 의자는 정답고 친밀하다.

나는 사진작가 존 버거의 문장을 좋아한다. "지친 무릎에 이끌려, 혹은 자신도 모르게 풀숲 사이로 난 길을 찾아 내려가는 장화에 이끌려 한 사람씩 가파른 길을 따라 내려온다. 그들은 이제 세상으로 돌아가는 것인데, 세상으로부터의 첫 선물은 하나의 쉴 공간이며, 그다음으로는 평평한 탁자와 침대가 선물로 주어진다. 가장 행복한 사람에게는 침대를 함께 나눌 누군가가 주어질 것이다."《그리고 사진처럼 덧없는 우리들의 얼굴, 내 가슴》) 벌목꾼들의 귀갓길을 그린 장면이다. 인생을 요약한 세 가지, 공간, 탁자, 침대. 우리 집의 아주 평범한 사물들 중 탁자와 침대, 빈 공간에 놓인 이들을 보는 것만으로도 가슴이 저릴 때가 있다.

산다는 것은, 앉을 시간을 가진다는 것, 주소를 새긴다는 것, 동반자를 얻는다는 것이다.

존 버거의 책에는 사진이 없다. 다만 "1부는 시간, 2부는 공간에 대한 것이다"라고 선언하면서 그는 책을 대하는 이의 심상의 지평을 먼저 무한대로 확장시킨다. 한 사람의 글은 고유한 정신의 원천이다. 만약 글이 없었다면 우리는 자신의 경험 밖 세계와 인간 본연의 선함을 알지 못했을 것이다. 무엇보다도 자신의 사유를 놓치고 고유함을 지키지 못한 채 세상의 물결에 이리저리 휩쓸렸을 것이다. 나는 사진작가나 무용가, 음악가의 글을 대할 때마다, 각자의 도구는 그 사람의 고유한 사유임을 깨닫는다. 그들의 사진과 몸짓과 음의 연속, 이전과 이후에는 깊은 사유가 있다.

'한때' 그리고 '여기에', 존 버거의 산문집에서 시간과 공간은 이렇게 제목 지어졌다. 사진은 건축과 마찬가지로 현실에 종속된다. 현실을 소재로 하고, 사물과 감정을 토대로 하는 것이므로 현실이 없으면 사진과 건축은 존재하지 않는다. 그래서 사회와 인간에 대한 성찰이 필요하고 그 위에서 자신만의 관점을 형성할 수 있는 것이다. 실제로 존재하는 것을 찍지만, 실체와 사진은 다르다. 대상에 대한 사진작가의 사유와 감성이 그 사이에 있다.

사진은 실체를 말하기 위해서 그것의 그림자를 어떻게 만들지 골몰한다. 빛을 드러내는 방법은 그림자를 만드는 일이고, 공간을 인지시키는 것은 시간 속의 움직임이다. 대척점에 있는 두 가지를 함께 아우를 때, 각자의 도구는 세상 사람들에게 새로운 독해법을 제시한다. 빛과 시간, 움직임과 사유를 거쳐야만 나의 독자적인 세계가 단단히 구축된다. 공간은 그 한계 안에서 시간을 어떻게 다루느냐에 따라 끝없이 모습을 달리한다. 우리는 가끔 시간을 공간의 적敵으로 혹은 공간의 상대를 시간으로 분리한다. 그러나 공간의 이해에서는 시간을, 시간의 흐름에서는 공간을 잘 활용해야 했다. 일상의 사물은 이 둘 사이에서 우리를 이어준다. 멈춘 순간으로만 사물을 이해하기 어렵고, 무한의 공간에서는 진리를 세울 수 없어서다. 사물은 시간을 정지시키면서도 다시 연결하여, 우리와 공간과의 관계를 변

화시킨다.

숲속에서의 힘겹고 고독한 일과를 마친 벌목꾼이나, 하루 종일 전화와 문서에 매달렸다 집으로 돌아온 이의 마음속에 떠오른 탁자는 어떤 것일까? 공간에 자리 잡은 탁자는 내가 거기에 이미 있었다는 증거다. 동시에 앞으로 일어날 일, 마주할 사람에 대한 기대다. 내가 돌아갈 곳이 있다는 뜻이며, 함께 꿈꿀 것이 남았다는 뜻이다. 숲속의 나무들은 육체의 피로와 경이로운 순간을 동시에 주었다. 이처럼 사물들은 우리를 관통하는 시간과 공간을 훌쩍 넘어 존재의 정신을 느끼며 삶에 대해 미소 짓게 한다.

공간을 관찰하면서 시간을 겹쳐보는 것은, 그곳에서 내가, 그가 무엇을 했었는지를 생각하는 일이다. 비어 있기 전 거기에서 누구를 마주하고 앉았었는지 그를 기다린 시간과, 그가 떠난 후의 긴 시간들에 대해 생각하는 일이다. 공간은 멈추어 있지 않고 늘 흘러가고 움직이며 잔상을 남긴다. 여기에 겹치는 삶과 죽음의 반복이 있다. "코미디의 마지막 장은 언제나 피비린내 난다. 그 전 장이 아무리 아름다울지라도, 우리는 결국 머리 위로 흙을 덮을 수밖에 없다. 그리고 그것은 영원히 되풀이된다."《팡세》

우리는 공간이 주어지면 제일 먼저 탁자를 놓는다. 쉬고, 밥을 먹고, 생각하고, 누군가와 함께하기 위해서다. 휴식과 만남에는 시간과 공간의 준비가 필요했다. 좋은 사람을 만나기 위해서는 갈망과 동경으로 마음이 채워져 있어야 했고, 자신과 현재를 이해하기 위해서는 그것을 가까이 마주할, 정신과 공간의 거리가 필요했다. 내가 사진작가의 언어 중 '탁자'라는 단어 앞에서 멈춘 것은 우연이 아니었다.

종강하고 겨울방학 동안 스무 명의 사람을 만났고, 그 장소와 탁자에 대해서 기록해두었다. 공간이 우리의 관계에 있어서 무언가를 하지 않았을까 하는 막연한 기대에, 벽과 탁자는 어떠했는지, 음료와 가구의 재료는 무엇이었는지, 경치와 날씨는 어떤 시간을 말하고 있었는지, 그 사람과 나는 어떻게 마주 혹은 나란히 앉았는지를 노트 한 권에 빼곡히 적어두었다. 사람은 모두 달랐지만 장소는 겹치기도 했다. 그 공간을 마음속에 다시 그려내어 우리가 마주한 탁자의 감촉을 기억해냈다. 나에게 탁자는 사물이 아니라, 구조의 기본과 관계의 배치였다.

지금 와서 그 노트를 다시 펼친 이유는, 작가의 단어 앞에서 내 마음을 새긴 이유와 똑같다. 우리가 무슨 이야기를 했는지는 이제 중요하지 않다. 그 사람들 중 대부분은 현재 나의 삶으로부터 멀어졌다. 나 또한 그 사람들에게 잊혔다는 것을 나는 일찌감치 받아들였다. 우리는 그저 오래된 메모의 발견에서나 아주 잠시 살아나는 기억에 불과할 것이다. 하지만 탁자에 대해 써두기를 참 잘했다고 생각한 이유는, 존재의 증거가 공간과 흔적이 아니라, 연속성과 관계라는 것을 가르쳐주어서다. 어떤 사람과 감정에 대한 기록은, 판단의 불완전함과 현재를 함께하는 이에 대한 고마운 마음, 그리고 잊힌 사람으로의 연민으로 다시 생명을 얻었다.

스무 번의 만남, 스무 개의 탁자

첫 번째 탁자는 정사각형 탁자였고, 아무 벽에도 기대어 있지 않았다. 검은색으로 칠한 철제 원반 다리 위에, 가로세로 90센티미터, 두께는 36밀리미터 상판을 고정한 것으로 카페나 음식점에서 흔히 볼 수 있는 탁자였다. 톱밥처럼 잘게 부순 나무 조각에 접착제를 넣어 열처리한 합판MDF 위에다, 무늬를 찍은 종이에 멜라민수지를 결합한 쉬트LPM를 붙여서 만든 상판의 탁자였다. 외관과 색상은 나무를 흉내 내지만, 누구도 이것을 나무 탁자라고 부르지 않는다. 그래도 가격도 싼 데다 무늬도 자유롭고 표면이 견고해서 몇 년간은 끄떡없다. 그곳은 사라졌고 탁자도 그 소용을 다해서 폐기되었을 것이다.

토요일 늦은 오후라 카페에는 자리가 별로 없었다. 마름모 모양으로 배치해서 의자 네 개를 갖춘 자리에, 나는 창을 등지고, 그 사람은 나를 마주 보고 앉았다. 이런 배치로는 안정된 공간을 만들기 어렵지만 마주 앉은 이가 깊이 새겨진 순간이었다. 꽤 오래 지났는데 그날의 장면과 사물들이 더없이 생생한 이유는 그 만남이 여전히 나의 현재로 이어지고 있기 때문이다. 교육을 믿지 않고 타인에게 무심했던 한 사람에게, 인생의 선생으로서 수평적 인간관계를 그날 거기서 시작할 수 있었다.

두 번째 탁자는 정사각형 탁자 두 개를 붙여 직사각형 모양으로 만들어졌고, 시멘트 벽면에 기대어 있었다. 가로세로 60센티미터 정사각형 상판을 네 개의 다리가 받치고, 등나무 의자가 두 개씩 서로 마주 보고 있었다. 가끔 혼자 들르는 곳이라서 나뭇결이 두꺼워지는 것과 붉은색이 짙어지는 것을 느끼고 있었다. 이음매 때문에 올이 뜯기거나 긁힐 염려가 있어서 등나무 의자에 천이나 방석을 얹은 기억이 났다.

단절된 3년간 그에게 일어났던 일을 듣기 전부터, 고요한 사람의 마음속에 이는 아주 큰 파도를 느낄 수 있었다. 그는 전공을 바꾸었고, 대기업에 취직했고, 다시 새로운 길 위에 있었다. 부드러워 보이는 그의 결심 속 단호함, 성실성, 소신은, 그 뒤로 사람을 대하는 나의 자세를 변화시킬 만큼 큰 충격을 주었다. 자신이 하고 싶은 일을 하는 사람의 말은 진실하다. 공부나 직업은, 되고자 하는 완전한 자신으로의 과정일 뿐 그 자체가 목적이 아니라는 것을 그는 소리 없이 말했다. 마치 진수성찬처럼 나는 그의 이야기를 오래오래 씹어 먹었다.

세 번째 탁자는 빨간색 멜라민 바 테이블bar table이었다. 철제 각 파이프로 다리와 받침을 만들고, 섬유판에 멜라민 코팅을 한 테이블이었다. 테이블 높이는 약 1미터 정도로 높은 편이라 스툴stool이 적합했고 창가나 벽에 붙여 쓰기 때문에 폭은 좁았던 것 같다. 멜라민은 충격이나 긁힘에 강하고 색깔도 자유롭다. 두께도 얇고 제작하는 데 시간도 적게 들어 평범하고 저렴한 가구와 식기에 많이 쓰인다.

우리는 서울역을 바라보며 창가에 나란히 앉았다. 말수가 적고 감정이 북받치는 일이 잦아서, 사람들을 깊이 사귀는 데 어려움을 느끼는 그와, 이렇게 창가에 나란히 앉은 것은 참 잘한 일이었다. 종종 대화가 끊어질 때나 눈시울이 붉어질 때, 서로에게 미안해하지 않고서 눈길을 그저 거리로 향하면 되었다. 어둠이 내리지 않은 것도 참 다행이었다. 만약 겨울 해가 조금만 더 짧았더라면, 지나치게 밝은 역전驛前 가로등은 우리의 얼굴을 반사했을 것이다. 그리고 우리는 오래도록 서로의 슬픈 얼굴만을 붙들고 있었을 것이다.

네 번째 탁자는 아주 긴 유리 탁자였다. 스테인리스 스틸로 프레임을 만들고 반투명 유리를 얹었다. 여섯 명 정도 앉을 수 있는 긴 탁자 중간쯤 우리는 마주 보고 앉았다. 고층 사무소 건물 1층이라 층고가 매우 높았던 그곳의 탁자와 의자들은 열을 맞추지 않고 자유롭게 놓여 있었다. 이런 공간에서 일반적인 가구들은 스케일감을 잃고 공간에 안착하지 못한다. 공간을 꾸민 사람은 이것을 잘 알고 있었다. 그래서 천이나 나무 재질 가구 대신, 금속과 가죽, 붉은색을 썼고, 디자인이 독특한 용기, 소파와 조명으로 우리의 주의를 분산시키고 공간을 잊게 했다.

테이블의 크기와, 투명 아크릴로 만든 컵 고정대로 우리의 대화는 시작되었다. 사회생활 3년 차에 접어든 그녀는 스스로 인생의 전환점에 서 있다 생각했다. 나는 그녀에게 홀로 서고자 한다면, 현장도 나가고 자격도 갖추라고 이야기했던 것 같다. 그녀는 나를 만나기 전 서점에 들러 책을 두 권 샀다고 했다. 자신이 읽으려고 했던 책을 내게 주었는데, 나는 우리의 상황과 닮아 있는 한 문장을 메모해두었다. "그렇다. 내가 누구인지뿐만 아니라 내가 있다는 것, 존재한다는 것조차 잊어버릴 때가 있었다."(사무엘 베케트, 《몰로이》)

다섯 번째 탁자는 마름모 모양이었고, 두 벽이 만나는 구석에 놓여 있었다. 첫 번째 탁자의 소재와 모양을 닮았지만, 크기가 훨씬 컸다. 의자도 너무 푹신해서 깊이 앉는 바람에 우리의 거리는 더 멀었고 서로 눈높이가 달랐다. 간혹 낮고 큰 소파를 티 테이블을 사이에 두고 마주 앉은 사람들이 서로 소리를 지르듯 대화하는 것을 볼 때가 있다. 너무 편히 앉거나 탁자가 지나치게 크면 진중한 대화가 힘들다.

여섯 번째 탁자는 커피 잔 몇 개 정도 올릴 수 있는 작은 원형 탁자였다. 한쪽 벽면을 따라 긴 붙박이식 소파가 이어져 있었고, 맞은편에는 의자들만 하나씩 놓여 있었다. 등받이가 높고 고정된 자리에 내가 앉았던 것 같다.

다섯 번째와 여섯 번째의 만남에서 나는, 볼프강 보르헤르트의 "이별 없는 세대"를 떠올렸다. 스스로 판단할 용기가 사라진 마음은 지레 겁을 먹어 실제의 아픔을 느끼지 못하고 상상 속에 고통을 창조하는 세대의 사람들이었다. 둘 다 공간은 아름다웠지만 경치는 없었고, 우리는 서로에게 적절한 대화 상대는 아니었다. 대화 과정에서도 각자 자신의 모습으로 남아 있기에는 마음의 거리가 컸다.

일곱 번째 탁자는 폭이 30센티미터 남짓한 좁고 긴 원목 테이블로 흰색 벽에 붙어 있었다. 서점 안 공간이라 홀로 머무르는 사람들을 위한 자리였다. 상판은 더글라스 퍼(미송)였는데, 이 나무는 변재에서 심재로 갈수록 황백색에서 주황색으로 색이 점점 짙어진다. 우리의 탁자는 아주 밝았으므로 바깥 부분

나무가 틀림없었다. 나무 무게가 상당해서 철재 받침다리를 세우고 가로재로 보강하면 사람들이 거기에 다리를 올리기에 적당했다.

우리는 중간 자리를 하나 비우고 나란히 앉았다. 그곳의 이름만으로도 항상 그 사람이 떠오른다. 한 사람은 어마어마한 추억이다. 시간 속에도, 공간 속에도 그 사람은 새겨져 있다. 홀로 그 탁자를 찾을 때면 시간은 어김없이 뒤로 간다. 그리고 그 자리에, 그 사람에게, 시간과 공간은 멈춘다.

여덟 번째 탁자는 어느 교수님의 연구실에 놓인 회의용 탁자였다. 책으로 둘러싸인 그 공간의 크기와 쓰임에 맞추어 제작한 탁자로 철제 다리 구조 위에 강화유리 상판을 얹었다. 탁자의 다리 색깔과 맞춘 검은색 가죽 의자가 여덟 개 정도 놓여 있었다. 예전 교수님들과 선생님의 연구소에 가면 소파와 낮은 탁자가 많았는데, 근래에 가본 곳들은 회의용 탁자를 거의 다 갖추고 있어서, 담소나 잡담을 나눈다는 느낌보다는 업무를 의논하거나 격식을 갖추는 자리인 것만 같다. 투명한 유리 아래의 몸가짐이 조심스럽고, 오랜 시간 편하게 머물 수 없어서 서로에게 집중하며 깊이 대화하기가 힘들다.

미지근한 커피를 한두 모금 마시며 공허한 그의 목소리 너머 창밖으로 나는 이따금 시선을 돌렸다. 우리 시대에 자신의 목소리를 지킨다는 것은 매우 고독한 일이다. 사람들은 무리의 일원이 되기 위해 선택받기를 갈망하면서도, 다시 자신을 공간 안에 가두고, 어떤 틀을 갖추는 데 연연하여 내용과 본질을 자주 망각한다. 그가 자신의 공간 속에 갇혀 있다는 생각이 들었다. 자신의 경험만으로도 충분히 독립적이고 자유로워질 수 있는데도, 그는 관계와 지위의 상실을 두려워했다. 그 사람의 체취와 여운이 거의 남지 않았던 만남이었다.

아홉 번째 탁자는 어디서나 볼 수 있는 평범한 멜라민 탁자였다. 첫 번째 탁자와 같았지만 상판의 LPM은, 색이 짙은 멀바우 나무를 흉내 낸 것이었다. 나는 검은색 인조가죽을 입힌 붙박이식 소파에 등을 기대고 앉았다. 그곳에는 함께 바라볼 풍경도 없었고, 손님을 조금 더 많이 받을 요량으로 탁자의 개수도 너무 많았다. 유행을 의식한 다양한 의자와 장식 들은 하나같이 어수선해서 어느 자리에서도 안정감을 느낄 수 없었다. 자연히 사람들은 음식에만 집중하거나, 서로 더 큰 소리로 농담을 주고받아야만 했다. 허겁지겁 음식을 먹거나 가벼운 대화로 시간을 보낸 뒤 집으로 홀로 돌아오는 길의 허무한 밤과 같은, 우리의 일상을 말해주는 듯 흔하고 서글픈 공간이었다. 비록 빚으로 이룬 것이지만, 그는 이 탁자와 의자 들의 주인이자 이 공간 전체의 디자이너였다. 우리는 주방 가까운 곳에 앉았다. 그곳이 손님을 받기에 가장 불편한 곳이라 생각해서였다. 가깝게는 연말의 들뜬 분위기를, 멀게는 몇 년 후 이곳의 모습을 상상했다.

그의 지혜와 감성은 고통으로부터 새겨진 것이다. 삶의 어둡고 거친 면을 피할 길이 없었던 사람에게는 고통으로부터 지혜가 배이고 예민한 감성이 홀로 자란다. 행복은 정상이 있지만, 불행은 바닥이 없다는 것을 우리는 잘 알고 있었다. 그 나이에 겪지 않아도 될, 억울하고 고독한 상황을 여러 번 넘기면서, 세상에는 나를 믿어주는 몇 명이면 충분히 살 수 있다는 것을 깨달았다. 인생의 여행에서 딱 세 사람만 만나면 된다. 동반자 한 명, 선생님 한 명, 친구 한 명. 이들은 나를 무한의 우주로 데려갈 것이다.

열 번째 탁자는 두 번째 탁자와 같은 장소, 같은 자리에 있었다. 다만 이번에는 벽 쪽 의자에 마주 보고 앉았다. 그가 건축 봉사를 위해 탄자니아로 떠나기 전의 만남이었다. 조근조근한 말투와 바른 가치관이 드러나는 삶의 이야기였기에 옆 테이블의 사람도 우리의 대화에 귀를 기울였다. 그곳은 테이블이 세 개밖에 없는 아주 작은 곳이므로 아무리 말소리를 낮추어도 대화는 열려 있었다. 공간이 작다는 것은 누구에게든 쉽게 마음으로 침투할 수 있다는 뜻이기도 하다.

그가 가게 될 다르에스 살람이라는 지명을 나중에 지구본에서 찾아보았다. 한 사람을 안다는 것은 하나의 우주를 아는 것과 같다. 그의 궤도 반경이 커지면 내 것도 커진다. 몇 달 후 아프리카의 현장 사진과 함께 이런 메시지가 왔다. "기초공사가 시작되었습니다. 이곳은 동결선도 없습니다. 몸으로 건축을 배우고 직접 보고 느끼며, 구조와 공간과 땅과 하늘, 바람의 방향에 온 마음을 쏟고 있습니다!" 그는 이제 건축에 대해서, 인생의 참다운 목적에 대해서 모든 것을 알았다.

열한 번째 탁자는 삼각형 모양의 낮은 원목 탁자였다. 이런 탁자를 소파 테이블이라고 부른다. 높이가 40~50센티미터 정도로 의자를 놓기에는 너무 낮고, 좌식으로 쓰기에는 다소 높다. 교외에 있는 카페라 공간은 널찍하고 테이블끼리의 거리는 멀었다. 경치나 입지에 비해 공간의 형태는 단순해서 탁자와 의자의 개성은 인테리어 디자인에서 매우 중요했던 것 같다. 사람들은 자리를 고르기보다 가구를 골라 앉았다. 빈자리가 거의 없어서 우리는 삼각형 탁자의 긴 두 변에 앉았고 가장 짧은 세 번째 변의 의자에는 가방과 외투를 올려두었다.

모든 탁자의 형상은 같을지도 모른다. 삼각형이든 원형이든 직사각형이든, 탁자 상판의 형태는 기본 형상의 변주곡에 불과하다. 모양과 상관없이 누구나 이것을 탁자로 인지하는 데 어려움을 느끼지 않는다. 탁자는 무엇을 올려두는 데 필요한 기능적 사물인 동시에, 상대와의 거리를 지켜주면서도 관계를 맺어주는 공간적 사물이다. 그래서 탁자와 사람의 배치는, 공간과 관계 사이에 보이지 않는 긴장감을 유발하기도 하고 완화하기도 한다. 어떻게 마주 혹은 나란히 혹은 비스듬히 앉을 것인가? 그 시간과 상대를 나에게 어떻게 고정할 것인가? 이 삼각형 탁자처럼 일대일 대칭이 깨진 배치 앞에서 우리는 자신의 위치를 결정하는 데 종종 어려움을 느낀다. 편한 사이에는 서로의 새로운 모습에 흥미를 느끼고 스킨십도 자연스러워 더할 나위 없이 좋은 배치이지만, 조심스러운 사이에서는 예의와 친밀의 거리를 고민하게 한다.

그는 태어난 환경을 극복하기 위해서 공부를 계속하면서도 예전의 삶에서 단서와 의지를 찾는 자신 때문에 대화 도중 자주 눈물을 보였다. 내가 그 사람의 눈물을 닦아줄 수도 있는 가까운 거리에 있다는 것이 미안했다. 사람들은 자신의 세계 속 작은 연결 고리를 통해 삶을 증폭한다. 어쩌면 거부하고 싶었던 자신의 아주 깊은 한 부분에서 인생의 길을 찾는지도 모른다. 그는 다시 자신의 자리로 돌아갔고 우리는 그 후로도 몇 번 만났지만 예전 같지 않았다. 나는 장소도 관계처럼 나에게 다가오고 멀어지는 흐름이 있다고 느낀다. 현재를 뚜렷이 살고 있는 사람과의 대면이 주는 전율을 그 이후로 한동안 잊었다.

열두 번째 탁자는 아홉 번째 탁자 바로 옆자리들이었다. 같은 장소, 거의 같은 자리에 앉았지만 홀로 낮에 누군가를 만났을 때와, 시끌벅적한 주말 밤 열댓 명이 모였을 때 그곳은 완전히 달랐고 나도 완전히 달랐다. 열세 번째 탁자와 열네 번째 탁자의 장소들은 이제 사라졌고, 그 만남 속 상대들도 잊혔다. 열다섯 번째는 아홉 번째 탁자와 같은 공간 속 다른 자리의 탁자였고, 열여섯 번째 탁자는 다섯 번째 탁자와 완전히 같다. 열일곱 번째 탁자는 작업실 근처 카페 안에서 일전에 엿들었던 대화의 주인공, 시아버지와 며느리가 앉았던 바로 그 자리였다. 열여덟 번째 탁자는 출장길에 만난 후배와의 점심 식사 자리였고, 열아홉 번째 탁자 맞은편에는 아무도 없었다. 상대가 나와의 약속을 잊어버렸다. 그 사람을 볼 때마다 그날의 크고 빈 의자가 떠오른다.

우리가 평생 만나는 탁자는 몇 개 안 될지도 모른다. 그리고 머물렀던 공간도, 만났던 사람도 몇 명 되지 않는다. 탁자의 재료나 개수, 장소의 크기와 만남의 빈도는 아무 의미가 없다. 그를 만나고자 하는 생각이 일어나기까지의 그리움, 현재의 달력에 미래의 약속을 기록하는 설렘, 직접 얼굴을 마주하기까지 내가 걸어온 길 위의 상념들, 비어 있는 탁자가 나를 끌어당기는 자력을 느끼는 놀라운 경험, 두 시간의 대화를 통해 이제 나는 너를 조금 안다고 말할 수 있는 진중함, 우리의 기억에 겹쳐

진 공간과 분위기를 기록하며 풍부해진 현재, 오래 앉아서 자신의 일을 붙드는 일만큼 나를 성숙시키는 일상의 각성, 정신의 보석과도 같은 대화와 산책과 고독이 지켜주는 공간과 함께 사는 일만이, 진심으로 살아가는 길이다.

스무 번의 만남 중 유일하게 장소와 탁자 없이 대화의 내용만을 기록한 만남이 있다.

"선생님, 진리는 없어요. 무한의 공간과 무한의 시간을 적용하면, 진리란 존재하지 않아요."
"그런 단정도 하나의 진리가 아닐까?"
"절대적인 것은 없다는 거죠."
"우리에게는 진리를 완전히 표현할 언어조차 없어. 누군가의 말처럼, 채우지 못한 나머지는 슬픔으로 가득해."
"다만, 말 너머에 그 말, 진리보다 더 높은 무언가가 있다는 것만은 그냥 느껴져요."
"우리가 똑같은 이야기를 몇 년 동안 해오면서도 매번 새로운 이유야."
"그렇다면 말은 필요 없을지도 모르겠어요."
"진리에 가까이 가도록 도와주는 것이, 살아 있는 '말'이야. 사고의 토대 위에서 자유롭게 진리를 좇으며 사람의 말은 살아나. 지금의 대화처럼."

"선생님은 마치 말을 거느린 무사 같아요."

"너는 수없이 많은 그물을 바다 위에 던져놓는 어부 같아. 진리의 친구들을 걷어 올릴 거야."

무한의 시간 대신 유한한 인생을 대입하고, 무한의 공간 대신 머물 수밖에 없는 현실의 닻을 대입한다면, 진리와 말 사이 존재의 슬픔을 조금은 덜어낼 수 있지 않을까?

탁자의 초대

공간도, 탁자도 우리의 만남에 아무것도 하지 않았다. 반대로 인간의 정신은 사물과 공간을 능가했고, 시간 위를 자유자재로 유영했다. 탁자가 크든 작든, 콘크리트 벽이든 나무 벽이든, 경치가 눈부시든 평범하든, 대면과 대화를 통해 서로의 정신 속으로 침투하는 데 그들은 도움과 방해, 그 어느 쪽도 되지 않았다. 그럼에도 불구하고 한 사람에 대한 기억은 반드시 고유의 공간적 배경을 가지고 있었다.

탁자는 인간의 시간을 멈추고 공간의 밀도를 조정한다. 아무것도 없는, 말 그대로 텅 빈 공간에 탁자 하나가 놓이는 순간, 그 자리에는 시간과 공간이 멈춘다. 그 주변으로 공기의 흐름이 달라지는 것이 느껴진다. 어떤 기류가 탁자 언저리에서 일어나면서, 그 주변과 나머지 공간으로의 구분이 생긴다. 공간을 느낀다는 것은 무슨 뜻일까? 우리는 왜 공간을 알지 못할까? 공간을 모르는 이유는, 그것을 단지 크기와 표면으로만 배워서 그렇다. 건축적인 느낌은 관계의 설계로 맨 처음 구상된다. 빛과 그림자의 관계, 안과 밖의 관계, 크기와 높이의 관계, 중요한 것과 부차적인 것 사이의 관계, 공간과 사물의 관계, 사물 간의 관계, 이 사이에 우리의 의도와 해석이 놓여 있다.

우리는 그림자를 통해 빛과 실제를 이해한다. 선은 하나의 벽으로 세워져 안과 밖을 만든다. 세상에는 무수한 종류의 선이 있으므로, 공간의 안과 밖도 불확정적이라는 것을 받아들여야 할 것 같다. 크고 높음은 그 기준을 먼저 묻는 일이며, 위계는 서열이 아닌 조화의 원리다. 그리고 비워져 있다는 것은 어느 순간 밀도와 흐름이 탄생할 것을 준비하는 상태다. 공간을 느끼려면, 무엇을 가지고 어디에서 제일 먼저 시작할 것인가?

우리를 움직이도록 끌어당기기도 하고 어떤 점에 멈추게도 하는 것, 의자와 탁자. 우리의 몸과 근육이 움직이도록 자극하는 사물들은 자세와 행동을 만드는 것 이상으로 공간의 반향을 만든다. 그리고 의자를 두는 것과 탁자를 두는 것은, 공간과 행동에서 그 차이가 크다. 의자는 사람들이 자세를 취하고 어떤 방향을 바라보게 하기 위해서는, 몸을 기댈 등받이나 벽을 필요로 한다. 하지만 잠시 머물렀다 떠나도 된다는 가벼운 마음이 든다. 불러와 앉게 하는 것은 의자든 탁자든 마찬가지일지 몰라도, 탁자는 훨씬 더 명료하게 시간과 공간을 거기에 정지시킨다.

탁자 언저리에는, 보이지 않는 행로와 여러 시간대의 장면이 흐르고 있다. 텅 빈 방, 텅 빈 옥상에 홀로 놓인 탁자 하나를 바라보면 거기에 무수한 동작들의 잔상이 겹쳐 있다. 멈추어 있는 탁자와, 거기에 머물렀고, 떠나간 사람들의 몸짓과 말이 무수하다. 의자로는 도무지 대체할 수 없는 강력하고 넓게 공간을 장악하는 힘이 탁자에게서 느껴진다. 사람들의 마음속에는 바람이 있다. 자신만의 영역을 가지고 싶고, 비밀을 간직하고 싶고, 타인과 다르고 싶고, 나를 드러내지 않고 세상을 바라보고 싶고, 더 높은 곳에 오르고 싶은 마음이 누구에게나 있다. 그곳에 놓인 탁자는 나의 바람대로 사물과 나 사이에 존재하는 공간을 찾아주었고, 서로의 비밀을 지켜주었다. 잠시 가던 길을 멈추어 아름다움을 음미할 수도 없이, 어떤 준엄한 힘에 이끌려 하염없이 걸어야만 하는 나그네의 숙명(자크 베니뉴 보쉬에)도 잠시 잊게 해주었다.

우연히 혹은 누군가의 의도에 의해, 적막하고 평평한 지붕 위에서, 탁자 하나를 발견했을 때, 우리의 걸음은 마치 나를 향해 확신에 찬 부름을 받은 것처럼 탁자를 향해 옮겨졌다. 좌표 없는 무한의 수평면 위에 어떤 신호를 받은 것처럼, 분명하게 나아갔다. 어느 벽에 기댄 소박한 탁자가 눈에 가득 차는 순간, 그 자리에 가서 표면에 손을 얹고 싶고, 머무르고 싶고, 앉고 싶어진다. 그리고 건축이 정해준 지점에 멈추어 눈높이를 낮추는 순간, 그제야 우리가 알게 되는 것들이 있다. 지금까지 체험한 건축의 형식이 달라지는 순간이다. 설령 그 멈춤이 아주 짧다 하더라도 건물을 훑으며 움직이던 시선이 한 장소에 고정된다. 그래서 대사는 하나도 없지만 다채로운 움직임과 화면의 구성만으로 이야기의 진행을 이해하는 영화와 같았던 공간의 여행을 잠시 멈춘다.

누군가 그곳에 탁자를 놓은 이유는 무엇일까? 내가 마주할 것은 무엇일까? 거기에 앉는다면 어떤 일이 일어날까? 건축가의 치밀한 계산이나 초대자의 순수한 바람은, 그곳으로 불려오기까지 탁자의 존재가 미리 구상해둔 시나리오의 주제에 관련되어 있다. 그리고 "이 세상에서는 누구나 다른 사람의 바깥에 있으므로"(하인리히 뵐, 《어느 어릿광대의 견해》) 문제의 안팎에 있는 사람 사이의 상대성이 초대자와 응대자를 결정한다.

사실, 공간과 사물 사이에 존재하는 알 수 없는 세계, 인간의 진심眞心은 건축가의 딜레마다. 그것이 바로 이 글의 소재와 구성의 힘이었다. 건축가는 때로는 신에게도 악마에게도 가장 가까이 서 있다는 생각이 든다. 인간 정신의 가장 깊은 곳도, 가장 허약한 곳도 피할 수 없이 마주해야 할 때, 그리고 가장 선하고 숭고한 것도, 가장 현실적인 것도 피할 수 없이 마주해야 할 때, 물질로 가치를 만드는 건축가의 직업과 운명을 나는 다시 생각한다.

각자의 직업에서 나 자신이 무슨 일을 하는 사람인지 알리는 데에만 지나치게 몰두할 때, 우리의 인간적 결함은 왜곡된 직업상과 어법을 창조하는 것 같다. 그래서 현재와 과거를 오가는 시제, 사실과 이야기, 만드는 사람과 사는 사람, 자신의 창조물인 동시에 타인의 안식처, 이 사이에서 건축가는 종종 흔들린다. 그럼에도 불구하고 사람들에게 공간은 이런 것이다 쉬이 정의 내리기보다는, 지금 내 앞의 장면과 사물과 삶을 도대체 어떻게 보아야 하는지를, 어떻게 느껴야 하는지를, 고쳐 말하면, 공간의 '가치와 힘'을 먼저 말하고 싶었다.

누군가의 공간에 놓인 탁자를 바라보며 한 번 더 생각해본다. 그것의 재료와 크기가 아니라, 그 공간 전체와 탁자를 동시에 바라보는 일을. 텅 빈 그곳에 맨 처음 탁자가 놓인 순간, 무수한 결정과 의지, 희망이 있었을 것이다. 마찬가지로, 지금 마주한 사람과 나 사이의 공간에 대해서, 조금 멀리 그 공간 밖에서 그리고 그 시간 너머에서 우리를 바라보는 일을 생각해본다. 진심으로 살고자 하는 우리는 사물에 종속되지 않는 것처럼, 시간에도 종속되지 않는다. 머무르는 시간이 몇 초라도, 관계의 감각에는 망각이 존재하지 않는다. 사물과 색을 지우고 공간만을 볼 수 있는 정신을 가지는 일, 빛과 공空을 아는 순간, 시간을 아는 일을 시작할 수 있다.

탁자의 초대

탁자를 하나 놓겠다는 생각은,
그 언저리의
어떤 장소를 꿈꾸어서다.

처음부터
그 장면은 절정의 순간으로 정해져 있었다.
우리가 할 일은
그 앞과 뒤를 연결하는
공간의 시나리오를 스스로 쓰는 일.

분절된 장면과 시간의 곱셈식.

처음 탁자를 발견한 순간의 장면,
거기까지 이르는 길이와
시선의 고정,

같이 바라볼 하늘과
기다림의 시간,

모든 장면이 다 흐르고 난 뒤
겹쳐 보이는 옛사람.

부엌의

고독

말뚝 위에서 날개를 펴는 외로운 바닷새처럼
혼자 앉아 있는 것이 얼마나 더 좋은가.
이 커피 잔, 이 나이프, 이 포크 등의 단순한 물건들,
사물의 본질, 물건 본연의 물건, 나 자신인 나와 함께
언제까지나 여기에 앉아 있게 해달라.

― 버지니아 울프,《파도》

생각하는 사람에게 찾아오는 진리의 섬광

현대적이라는 표현은, 권위보다는 평등에 가깝고, 폐쇄적이기보다는 개방적인 느낌을 준다. 그래서 현대적인 공간을 만드는 사람은, 이전의 건축이 보여준 단 하나의 중심성으로부터 벗어나, 여러 방향으로 관심을 돌리고 자신만의 관점을 추구하는 비대칭의 구성에 대한 관심을 더 키웠다. 시대를 의식하는 건축가들은 이제 각각 이름을 가진 폐쇄적이고 독립적인 방들의 구성을 포기하고, 모든 공간들끼리, 내부와 외부마저도, 서로 연결되기를 바랐다. 그 결과 우리의 집에서뿐만 아니라 평범한 건물에서도 각 공간들의 구분은 모호해지고 중요한 공간에 대한 가치관도 계속 변화하고 있다.

주거 공간의 중요도도 방에서 거실로 옮겨갔고, 이제 요리를 하고 음식을 먹는 공간이 집과 거주의 한가운데에 자리 잡고 있다. 요리는 기적과 연금술을 넘어서, 인간관계를 펼치고 자신을 발견하는 특별한 장소의 주제로 떠올랐다. 요리는 평범한 사람들에게도 사교와 과시의 대상이 되었고, 그 장소와 기록들은 바로 일상 공간의 중심이 되었다. 자연스럽게 고독의 공간도 조금씩 부서졌다. 나는 가장 친밀한 집에서도 고독의 공간을 지키고 싶다.

설거지를 하거나 머리를 감거나 방을 청소하는 것과 같은, 반복적인 일상생활의 과정에서 문득 어떤 일의 실마리를 찾을 때가 있다. 그 생각을 놓칠까 봐 싱크대 창대의 달력이나, 휴대전화의 메모장이나 식탁 위 우편물 봉투에 순간의 생각을 기록해둔다. 그래서 여백이 많은 달력과 마르는 법이 없는 펜을 잘 보이는 창대 위에 올려둔다. 막 태어나 살아 움직이기 시작하는 생각의 순간은 다시 오지 않으므로 꼭 잡아두어야 지킬 수 있기 때문이다.

용기와 발상, 아무 자극 없는 상황에서도 마음속에 아주 빠르고 강력하게 떠오르는, 그 상승의 순간을 우리는 분명히 느낄 수 있다. 머릿속 셈을 잠시 덮어두고 단순히 손과 몸을 움직이는 무방비 상태에서, 글이나 설계의 아이디어를 떠올리기도 하고, 복잡한 상황에 대해 결심하거나 선택할 때가 있다는 것을 이제는 인정하게 되었다. 음식을 준비하거나 설거지를 할 때면, 생각은 아무 난관 없이 머릿속을 자유롭게 날아다닌다.

가족과 일상으로부터 등을 돌려서 나만 바라보는 노을 앞에서 나는 온전히 홀로 된다. 느닷없이 찾아오는 선명함의 순간을 기대하면서, 번잡한 생각으로부터 잠시 떨어져 단순하고 익숙한 일상을 살 때, 정신적으로 자유로웠다. 생각은 어떻게 만들어지는지 그 메커니즘은 여전히 밝혀지지 않았지만, 완전히 꺼지지 않고 간신히 남아 있던 생각의 불씨를 다시 지피는 일은, 그 대척점에 있는 몸과 경치와 공간과 어떤 관계를 가질지도 모른다. 그러나 이 행운은 누구에게나 오지는 않는다.

단순한 고립이 고독을 거쳐서 성찰로 이르기까지, 일상의 경험에서 자연과 인간의 심오함을 깨우치기까지, 타인의 공간에서 그 사람 인생의 무게를 잴 수 있기까지 자신의 환경 속에서 낙담과 극복의 시간들을 견뎌야 한다. 건축가로서 타인의 마음으로 들어가 그의 집을 지어주는 일 이전에, 나 자신이 어떤 공간의 진정한 주인이 되어 그 공간에 함몰되지 않고 진짜 삶을 살 수 있기까지는 꼭 지나와야 하는 인생살이가 있었다.

나는 나의 집을 떠나는 일, 낯선 집에 들어가는 일, 그리고 그 집을 나의 집이라 부르기까지 인생의 희로애락을 새기는 시간들을 거쳐 왔다. 이 모든 시간을 하나도 빠짐없이 거치고 난 후 어쩌면 공간은 우리에게 아무 힘이 없을지도 모른다는 의심과 함께, 우리는 모두 무언가의 일부에 불과하다는 확신도 섰다. 관계의 일부, 공동체의 일부, 도시의 일부, 시간의 일부, 타인의 일부, 그럼에도 소멸되지 않는 자신.

결혼을 현실적으로 가장 실감나게 한 표현이 바로, 이제 둘이 '한 집에 산다'라는 말이다. 예전에는 대개 여자가 남자의 집에 들어가 그 가족들과 함께 살았지만, 현재의 결혼과 주거에서는 그 형식과 삶의 공간을 결정하는 데 있어서 남녀가 서로 대등해졌다. 한 집에 산다는 의미도 달라졌지만, 가족적 관계와 타인의 공간에서 난생 처음 느끼는 어렵고 미묘한 감정의 경험들 때문에, 누군가의 집으로 들어간다는 뉘앙스는 여전히 유효하다는 생각이 든다.

한 가족만의 생활 습관과 문화가 가장 잘 드러나는 곳이 바로 부엌, 주방이다. 그곳의 배열과 외관은, 변함없는 가족의 일과와 경험들을 통해 쌓아온 공동의 습관이 새긴 특징이다. 특히 한 집안에서 내려오는 음식의 의미와 조리법은 현대의 수평적 교류 속에서도 가장 마지막까지 고유한 영역으로 남아 있다. 타인의 집에서 가장 낯선 곳이 부엌이며 그 경험은 모두에게 생생하다.

친지가 모여 살거나 이웃 관계가 남다른 동네에 가보면 부엌은 어느 정도 타인의 출입이 허용된 공간이기도 했다. 때로는 집집마다 반찬이 같을 때도 있었다. 누군가의 집에서 큰일을 치르거나 우연한 나눔이 반복되면서 상 위에 올라오는 반찬이 서로 비슷해지기도 했다. 누구네 집 오늘 반찬이 무엇일 거라는 추측도 딱 들어맞았고, 그 집은 어떤 음식을 좋아하는지, 아버지의 식성은 어떤지 등 그 집만이 해 먹는 특별한 음식이나 조리법은 이웃 사람들 간의 대화에 빠지지 않는 주제였다.

현대의 주택에서 동서양을 막론하고 어느 집이든 가장 닮은 곳이 주방이다. 특히 도시의 집들은 너무나 흡사하여 공간의 주인이 결정할 것들 역시 매우 단순하다. 재료와 그릇을 씻는 곳은 어디에 둘 것인가? 불을 써서 조리하는 곳은 어느 벽 쪽에 가까워야 하는가? 먹는 일과 요리하는 일은 어떻게 하면 다시 합쳐지는가? 일주일의 삶을 채울 재료들을 얼마나 준비해두어야 하는가? 이 세 가지 일, 보관하고 씻고 가열하는 일의 효율성과 개인적 낭만이 거의 모든 것을 결정한다.

대부분의 사람들에게 집은 똑같은 아파트로 기억되어버렸지만, 공간이라기보다는 표준화된 가구들의 모임이 된 아파트 부엌에서도 한 집안의 고유함은 사라지지 않는다. 이곳은 집집마다 비슷한 듯하지만 타인의 집에서 가장 낯선 곳이다. 이해를 구할 필요 없이 그저 따라야만 하는 가족 고유의 문화를 마주하며, 새로운 구성원이 일상에서 고독감을 실감하는 곳이다. 부엌의 생활이 무르익을수록, 남의 집에서 산다는 느낌에서 서서히 벗어나 나의 집이라 부르는 데 어색함이 사라진다.

이 공간 안팎은 "우리가 공동의 거실에서 조금 탈출하여, 인간을 서로에 대한 관계에서만이 아니라 리얼리티와 관련하여 보게 할"(버지니아 울프, 《자기만의 방》) 영역이 될 수 있다. 공동의 공간 속에서 각자의 이해력과 통찰력은 관계의 파도에 늘 위협받는다. 진정으로 자신의 생각만을 마음껏 펼치고, 냉정함을 지키기가 어렵다. 다행히도 어김없이 찾아오는 일상의 준엄함은 잠시 혼돈과 갈등을 내려놓을 곳으로 우리를 데려간다. 순간, 잃었던 삶의 의미가 바로 지금 내가 해야 할 일, 내가 서 있는 자리 앞에 있다는 것이 눈에 들어온다. 그래서 탐구와 의논으로도 확정하지 못했던 결심을 섬광처럼 만나는 것이다. 전에는 한 번도 연결한 적 없는 사실들을 서로 연결하면서, 아주 사소하게 생각했던 것을 다시 현미경으로 무한대로 확장하면, 자신의 영혼 속에서 단순한 진리로 정리되어 생각은 태어나고 살아 움직이게 되었다.

꽃 한 송이의 기적을 우리가 볼 수 있다면

일상에서 지혜와 자유의 빛을 만난 사람은 자신만의 공간을 꾸리는 법을 안다. 부엌은 가족과 일과를 생각하는 곳이면서도, 누군가에게는 고독 속에서 약속과 희망을 새기는 공간이다. 2011년부터 자전거로 세계를 여행하고 있는 정효진 씨의 여행 블로그 universewithme.com에서 본, 잠비아의 어느 집 부엌 사진이 잊히지 않는다. 벽 위쪽에는 이런 문구가 적혀 있었다. "If we could see the miracle of a single flower clearly, our whole life would change."(꽃 한 송이의 기적을 우리가 볼 수 있다면 우리의 삶 전체가 달라질 것이다. ㅡ부처)

조리법도, 가족의 경조사 일정도, 농사력도 아닌, 부처의 글귀가 아프리카 어느 집 벽에 쓰여 있었다. 형편이 크게 나아질 것이 없는 살림살이이지만, 단출한 부엌 벽면에 적힌 경구警句에 의지하며 살고자 하는, 인간의 겸허함에 말할 수 없는 감정들이 밀려왔다. 결심과 자성의 메시지는 여느 집 부엌 어딘가에 숨어 있다.

시골에 내려와 집을 짓고 정원을 가꾸는 윤 교장 선생님의 부엌 싱크대 선반 위 달력에는 철마다 정원 손질에 필요한 일이 꼼꼼히 적혀 있었다. 메모라기보다는 일기에 가까웠다. 절기마다 정원 가꾸기에 꼭 필요한 준비 계획이기도 했고, 나무와 꽃이 자신에게 돌려주는 고백이기도 했고, 돌이킬 수 없는 실수에 대한 회환이기도 했다.

달력의 곧고 규칙적인 선은 인간 의지의 선線이고, 하루치 면적의 동일함은 바로 '오늘'의 무게와 같다는 생각이 들었다. 그 선과 평면의 경계를 넘나드는 우리의 불안정한 기억과 약속들은, 삶이란 오로지 '현재'라는 사실을 강조하며, 영원과 찰나를 자유자재로 조정하는 인간성을 그린다. 자연에는 직선이 없고 규칙성도 분명하지 않다. 그러나 조금만 멀리서 오래도록 보고 있으면, 모든 것은 합리적으로 서로 연결되어 있고, 날짜를 세고 있지 않아도 결실과 쇠진衰盡의 순환은 어김이 없다는 것을 알 수 있다.

'철이 든다'는 표현은 사실 농부의 말이었다. 어김없이 그 시기마다 해야 할 일이 정해져 있고 그때를 놓치면 한 해 농사를 제대로 지을 수 없다. 철이 든다는 것은 무엇을 해야 하는 시간인지 잘 알고 준비하여 적절한 일을 한다는 뜻이었다. 사람으로 치면 이 시간의 나는 무엇을 해야 할지 알고 노력하는 것이다. 홀로 공부해야 할 때, 사회 속으로 나아가야 할 때, 맹렬히 싸워야 할 때, 물러나야 할 때, 기다려야 할 때, 침묵해야 할 때를 아는 것이 자연스러운 삶이다. 좋은 집과 터는 이처럼 자연의 섭리를 알고 그 안에 사는 사람을 더욱 인간답게 만드는 데 기여한다.

정원을 바라볼 수 있고 매일 계획하고 반성하는 그녀의 부엌에서, 메이 사튼의 《혼자 산다는 것》에서 읽은 한 구절이 문득 떠올랐다. 이 문장에 깊이 감명 받아, 내가 하는 일이 무엇이든 나는 변하지 않는다는 것을 늘 새기고 있던 시기였다. "내가 소설을 써온 것은 어떤 것에 대해서 내가 어떻게 생각하는가를 알기 위해서였고, 시는 어떤 것에 대해서 내가 어떻게 느끼는 가를 알기 위한 것이 아니었을까 생각된다."

직업의 노동으로 무엇을 하느냐는 중요하지 않지만, 어디에 사는가는 우리 삶에 결정적이다. 정원을 가꾸는 일은 꽃을 심고 나무를 키우는 일이 아니라, 인간으로서 나는 어떻게 살고자 하는가, 어떻게 생각하고 어떻게 느끼는가를 알기 위한 것이었다. 매일 들여다본 사람만이 알아채는 아주 작은 움직임들은, 자연 전체의 질서와 느낌으로 내 안에서 재구성된다. 그리고 땅 위로 드러난 크기와 복잡함만큼, 땅속에 똑같이 자리 잡고 있는 뿌리의 기초, 보이지 않는 것의 거대한 힘으로부터 진정한 침묵을 배운다.

자신의 생명을 다하고 서서히 스러져가는 꽃 곁에 다시 어린 나무를 심으며, 생명은 사라짐 이후에도 슬픔뿐만 아니라 많은 감정을 우리에게 남겨준다는 것을 알게 되었다. 우리는 정원을 함께 바라보며 오래도록 이야기했다. 정원은 얼마나 철학적인지, 건축은 얼마나 왜소한지, 삶은 얼마나 길고도 변화무쌍한지. 긴 시간 위에 두고 바라보면 일정하고 어김없는 듯 비정하지만, 일상의 삶과 자연은 매 순간 예측 불가능했고, 인간이 계획한 대로 맞아떨어지는 일은 거의 없었다는 것에 우리 둘은 깊이 공감했다. 그래서 매번 나의 경험으로 돌아가지 못하고 새로운 결정을 내려야만 하는 이 낯선 삶은, 생각할 시간과 풍요로운 고독의 가치를 알게 해준 것이 분명했다. 한철 제 일을 끝낸 꽃의 마르는 소리가, 마치 바람이 움직이는 소리와 같다는 것도 이제 알게 되었다.

물질과 허상으로 가득 찬 세상에서, 모두가 연결된 망 위에서, 어디에서도 본 적 없는 자신만의 공간을 가지며 진정한 삶을 산다는 것은 얼마나 어려운 일인가. 내가 주도하는 삶, 제대로 정착된 삶에서 가장 원초적인 공간은, 가장 철학적인 공간이 된다. 집을 새로 짓는 사람의 마음속에 가장 먼저 그려지는 공간이, 먹을거리를 만들고, 다음날을 기약하고, 몸을 씻는 공간이다. 방랑자에게 다시 나의 집을 갖고 싶은 마음이 생긴다면 그건 나만의 침실과 부엌 때문일 것이다. 우리는 어른이 되어 가진 첫 집의 부엌을 잊지 못한다.

부엌의 창과 창대

우리의 집은 입식과 좌식 생활 사이에서 아직 자신의 모습을 확정하지 못한 상태다. 거실에 텔레비전을 없애고 안방으로 옮겼더니, 쟁반에 밥을 차려 텔레비전 앞에 옹기종기 모여 저녁을 먹었다는 이야기를 몇 사람에게서 들었다. 거실을 없애고 식탁을 마치 카페나 서점의 대형 탁자로 바꾸어, 밥을 먹고, 일을 하고, 대화를 나누고, 책을 읽고, 손님을 맞는 집도 몇 집이나 보았다. 이처럼 집집마다 식사와 대화의 공간이 판이하지만, 요리의 공간은 유사한 공간의 원칙을 따른다.

부엌은 가장 일상적이고 기능적인 곳이다. 물건들은 아래에서 위로 차곡차곡 쌓이고, 칸막이는 각자의 자리를 지정하고, 우리가 할 일은 그 높이마다 정해져 있다. 이곳에서는 바닥부터 천정까지의 모든 높이를 인간의 몸에 맞게 사용한다. 각각의 높이마다 사물의 자리와 사람의 일이 정해져 있다.

현대의 주방 공간에서도, 집의 시초와 마찬가지로, 가장 높은 곳으로는 공기가 빠져나간다. 그 아래로 가스나 전기 배관이 지나가고, 요리할 때 생기는 연기와 냄새를 빨아들이는 후드와 배기구가 내려온다. 예전에 창이 하는 역할을 그곳이 대신하고 있다. 그리고 손을 뻗으면 닿는 곳에는 위 선반이 있고 허리 부분까지는 작업대와 정리 선반을 놓는다. 그 위에서 음식 재료를 다듬고 가열하며, 아래 부분에는 귀하고 일상적인 그릇을 진열하기도 하고 은밀하게 숨기기도 한다. 거의 모든 집의 난방기는 싱크대 아래에 있다. 위치와 관계상 집의 가운데에 있으며, 보일러와 연결이 가까워서 어느 집이든 가장 효율적인 위치. 예전에는 아궁이 앞이 가장 따뜻했던 것처럼, 난방 분배기 근처 바닥이 가장 먼저 따뜻해진다.

공간의 모든 것이 우리 손으로부터 멀어지면서 이처럼 삶의

가장 단순한 원리조차 잊혔다. 동서양을 막론하고 불은 늘 집의 중심이었다. 먹을 것을 준비하고 집을 데우는 일은 결국 하나였고, 물과 불은 이곳의 기본 요소였다. 의식과 생활의 변화에도 부엌 구조의 실질적 변화가 힘든 이유는 여기에 있다. 연료와 물의 문제는 공급과 배출, 분배의 방식 등 더 큰 조직에 의지하고 있기 때문이다. 부엌을 체계와 공간으로 나누는 일반적인 관점은, 기능적 측면에서 음식 준비와 난방의 문제로, 문화적으로는 공간과 여자라는 두 축으로 형성되어왔다. 불이 집의 구심점이 되었던 시대에는, 연료를 구하고 지키며, 허기를 채웠던 과정마다 구성원 모두 관여했으므로, 한 가족과 공동체의 문화가 그 공간의 세세한 부분마다 드러났다.

여행 중에는 주택가에서 얕은 담 너머로 부엌일을 하고 있는 집 안의 사람과 눈이 간혹 마주치기도 한다. 부엌은 가정의 행복과 불화를 가장 잘 보여주는 곳, 식생활, 주住생활, 가족생활의 여러 모습을 동시에 보여주는 곳이다. 집의 외관에서 두드러지는 창들은 대체로 주방의 창이었다. 대문을 열고 작은 텃밭이나 마당을 거쳐 현관으로 들어가면, 그 창이 안에서도 보인다. 집 안으로 들어가서 그 창 앞에 서면 모든 것이 이해된다. 거리에서 보았던 특이한 창살과 소품들이 놓인 그 아름다운 창은, 집안일을 하며 보는 풍경의 그림을 먼저 그린 창이었다.

건축가를 제외하고 창은, 모든 사람에게 내부에서만 특별한 이미지를 가진다. 창의 공간을 활용하고, 집 안으로부터 창 주변을 아름답게 꾸미고자 하는 마음은 누구에게나 일어난다. 아래위 가구 사이에 높이 60~70센티미터의 창을 낼 수도 있고, 살림살이가 많아서 좀 더 간소하게 살고 싶거나 조금 다른 느낌의 부엌을 갖기를 원하면, 위 선반을 없애고 정원과 대문으로 난 큰 창을 만들기도 한다. 이 높이 즈음에 음식을 먹고 책을 보고 대화를 나누는 공간이 만들어진다.

창문의 밑틀을 받치는 부분을 창대라고 부른다. 건물의 뼈대가 세워지면 안팎의 구분으로서 먼저 창틀이 자리를 잡는다. 집을 만드는 사람의 입장에서 보면, 창틀은 건물의 구조에 단단히 고정되는 동시에, 단열재와 서로 만나는 것이 좋다. 그래서 창의 위치는 벽의 두께 가운데에 놓이는 것이 일반적이지만, 구조와 단열이 허락한다면 안과 밖의 깊이 중 어디를 중요시할 것인가에 따라 그 위치를 달리할 수도 있다.

전부 유리로 되었거나 마감재가 별도로 없는 창고 같은 구조가 아니라면, 건물의 벽 두께는 대부분 창틀의 두께보다 크다. 그래서 건물의 안쪽이나 바깥쪽에 창 아랫부분의 창대가 생길 수밖에 없다. 밖에서 보았을 때 창문이 깊게 들어가 있는 집의 안쪽에서는 창대가 얕다. 집 안쪽에서 보았을 때, 창턱에 어느 정도 깊이와 폭을 확보하여 그 윗부분에 걸터앉거나 물건이라도 올릴 정도가 되려면, 창틀을 가능한 한 벽체의 바깥쪽으로 세운다. 건물 안에서 창의 깊이감을 주고 그곳을 특별한 장소로 만들고 싶어서 창대를 크게 하면, 바깥에서 보이는 건물의 외면은 다소 밋밋해질 수 있다. 이때 밖에서 보는 창은 깊이감이 적고 건물의 입체감이 덜해 보인다.

기밀과 단열성과 같은 성능을 중시하는 현대의 건축에서 이 부분은, 안팎의 조건이 직접 부딪히고, 모서리가 많이 생기고, 서로 다른 재료들이 만나는 곳이라서, 시공상 해결할 문제들이 많고 이에 관한 기술과 디자인도 매우 발전해 있다. 집 안쪽이든 바깥이든 창대가 깊게 생기면, 그 부분에 돌이나 나무를 얹기도 하고, 다른 틀을 하나 더 세우기도 한다. 건물 쪽으로 물이 흐르지 않도록 외부의 창대는 약간 기울여주어 물을 바깥쪽으로 흘려보내고, 물끊기 홈도 만든다.

직접 지은 집이든 혹은 만들어진 집이든 각자의 집, 부엌의 깊은 창턱 위에는 무엇이 있을까? 나의 창대에는 도자기 굽는 카페에 가서 친구가 사준 사과 모양 항아리, 다 먹은 과일 잼 유리 용기에 담아둔 펜 몇 자루와 과도, 달력, 둘째가 만든 도자기 컵, 적금 통장, 말려둔 일회용 용기의 뚜껑이 있다. 어머니의 집 부엌 창대에는 손질해둔 파뿌리, 큰맘 먹고 샀다는 화려한 커피 잔 세트, 이웃에게서 얻은 모과 몇 개가 있다. 아무 말 하지 않아도 현재 무엇을 걱정하고 앞으로 무엇을 준비하는지 훤히 보인다.

우리 모두 창가를 좋아하고, 해변을 좋아하고, 발코니 근처를 좋아한다. 경계 안팎을 동시에 경험할 때, 그리고 자연이 언제든 우리의 눈앞에 있고 손에 잡힐 듯 가까울 때, 마음은 공간 안에서 안전하고도 자유롭다. 바닥에서 40~50센티미터 높이의 창대는 깊이만 적절하다면 사람들이 그곳에 앉을 수 있다. 이때 창가는 함께 머무르고 무언가 할 수 있는 특별한 장소가 되고, 다른 가구들과 연결될 수도 있다. 70~80센티미터의 창대는 우리의 일과 직접 관계되어 있다. 특히 부엌에서 창대는 매우 유용하고도 아름다운 공간이 될 수 있다. 길에 면한 집들의 창대 주변에는 소소한 살림살이나 장식 소품이 올려져 있기도 하고 커튼이 드리워져 있기도 하다. 감시와 조망이 같은 행위의 양면과 마찬가지인 것처럼, 공간에 종속되어 있다는 것과 그곳을 누리는 감상은 하나의 장소에서 함께 존재한다.

지금 설계하고 있는 작은 주택에서 주방의 창은 북쪽으로 냈다. 남쪽의 빛은 변화무쌍하고 강렬한 반면, 북쪽의 빛은 은은하고 변함이 적다. 눈높이에 펼쳐진 경치와 항상 고른 빛은, 좋은 부엌의 공간적 조건이다. 좋은 부엌을 만드는 일은 화려한 식기와 이름 있는 가전제품으로 채우는 일은 분명 아니다. 이곳을 공간이라고 생각하는 일이 가장 먼저다.

진짜 함께 산다는 느낌

　　진정한 의미의 가족적 삶은 부엌에서 완성된다. 자기 자신을 위해서 밥을 먹는 곳과, 가족을 위해서 요리하는 곳은 다르다. 혼자 사는 사람도 정성을 다해 음식을 준비하고 격식을 차려 식사를 하고, 편리한 가전제품과 아름다운 가구로 그 공간을 꾸미고 사용할 수 있다. 반대로 밥을 먹는 곳을 공유한다면 누구라도 공존이 가능하다고 사람들은 생각한다. 주거 문제의 대안으로 셰어하우스가 소개되지만, 거실과 주방을 합친 공간을 공유 공간이라 부르며 이곳으로 방들이 서로 접해 있는 집에 가보면 살림살이의 흔적이 없었다. 내놓은 그릇도 거의 없었고, 귀하고 신선한 음식은 선반과 냉장고에 있지 않았다. 일회용 그릇이나 없어져도 무관한 인스턴트 음식 몇 가지만 밖으로 나와 있었다.

　　이런 식으로는 진정으로 함께 사는 일이 불가능하다. 이런 곳에서, 우리가 일상적으로 먹고사는 일에는, 고유한 장소와 분위기가 필요하지 않았다. 게다가 그곳에서 무엇을 계획하고 점차 더 아름다워질 것이라는 기대는 전혀 생기지 않는다. 그저 허기를 채우기 위해 잠시 머무를 뿐이다. 공간을 함께 사용하면 관계가 풍부해질 것이라는 이상적인 그림을 그리지만, 정착을 생각하지 않는 사람은 공간으로서의 부엌에는 관심이 없다. 그래서 부엌은 가족이 아닌 사람들끼리 함께 살 때 가장 소홀해지기 쉬운 곳이다.

그렇다면 부엌은 기능을 충족하는 가구가 아니라, 의미와 행위의 공간이라 말할 수 있을 것이다. 기능으로 치면 현대의 집에서 가장 축소되어야 할 곳인지도 모른다. 그럼에도 불구하고, 결핍의 충족보다 새로운 욕망의 탄생에 더 열중하는 현대 문명의 결과로서 부엌은 반대로 과장되고 모호해졌다. 먹을 것을 찾아다니느라 평생을 살던 사람이 이제는 무거운 정신 노동에 고통 받는다. 그러나 부엌은 여전히 공간으로서 심오한 의미를 가진다. 공간을 나누는 일에는 진정한 자신의 성숙이 필요하고, 진짜 함께 산다는 느낌이 드는 데에는 부엌이 가장 절대적이다.

우리의 본능과 감각이 디자인을 이끌지만, 요리와 가사는 분명히 다르고, 가족의 건강과 안락함을 가지기 위해 노력하는 곳이라는 점에서 부엌은 특별해진다. 이 공간은 우리의 마음 상태에 중요한 역할을 하고, 집 안에서 사람을 가장 행복하게 만드는 공간이다. 이 공간에 대한 사람들의 욕심은 여기에 있다. 음식 준비에 필요한 공간들은 더 줄어들어도 되고 효율적이고 아름다운 도구들은 이미 세상에 가득하다. "거식증 환자처럼 음식에서 벗어나려고 노력하는 사람은 있어도 인간이 살아 있는 한 허기에서 탈출할 도리는 없다. 우리는 누구나 먹는

다. 그런데 이 필수적인 인간적 욕구를 충족시키는 방법은 때와 장소에 따라 극단적으로 다르다. 그중에서도 가장 큰 차이는 도구들이다."(비 윌슨,《포크를 생각하다》) 이런 텍스트까지 나올 정도로 집에 관한 무수한 글들은 독창적 관점을 통해 탄생된 것들이다. 그런데 나는 사물과 도구의 문제가 아니라 공간의 문제로 나아가고 싶었다.

부엌에 대해서 늘 무언가 중요한 이야기가 빠진 느낌이 들었다. 새로움에 대한 호기심, 요리에 대한 인식, 도구와 기술의 등장만으로는 다 말하지 못한 것이 있다는 느낌 때문이다. 그래서 각 집마다 여기에 새겨져 있는 독특한 무언가를 공간과 연결하여 보고 싶었다. 제품과 동선을 넘어 이곳이 공간과 문화가 되려면 무엇이 필요했을까? 어떤 공간이 정신적인 무엇이 되었다는 말은, 어떻게 살 것인가 하는 문제에 대해 가장 강력한 성찰과 실천적인 방법이 공간에 관련되어 있다는 뜻이다. 이곳은 누구에게 맞추어야 하는지, 이 장소를 보는 관점은 어떻게 설정해야 하는지, 이곳의 실용과 아름다움은 어디에 있는지, 밥을 먹고 요리를 하고 또 무슨 일상이 여기에서 가능할지를 생각해본다. 가구의 배열과 요리의 공간만을 말하기에 이 장소가 지닌 의미는 무거웠다.

공간과 사물을 접하며 저절로 키워진 인간의 감각은, 행위와 시간이 쌓일수록 우리에게 깊은 의미로 남는다. 병색이 짙어져

거동이 불편해진 시어머님은 방과 화장실만 겨우 왔다 갔다 할 정도가 되었다. 늘 부엌의 주인이었지만, 나중에는 끼니를 차려 방에서 드시는 일이 더 많았다. 그렇지만 삶을 통해 길러진 감각은 아주 정확해서, 눈을 감고 있어도 소리와 진동만으로도 문밖의 일들을 알고 계셨다.

냉장고 문이 열리는 소리가 없어도 방 아래로 깔리는 음식 냄새로 그것을 짐작했고, 조용히 우유갑을 뜯는 소리와 컵끼리 부딪히며 내는 소리를 들으며 지금은 하루의 어느 때 즈음인지 가늠하셨다. 조금 열린 문 사이에 비치는 사람 그림자의 움직임을 느끼며 삶과 죽음을 겹쳐보셨다. 자신이 가정의 심장이었던 것처럼, 그 공간에서 일어났던 모든 가정생활이 우리의 중심이었다. 어떤 집에서든 단순히 효율성만으로 이 장소를 생각하는 일은 어렵다.

그래서 건축가는 집을 설계할 때도 이 공간을 가장 마지막까지 미정未定의 상태로 남겨둔다. 공간의 주인이 누구인지 확실하므로, 그 쓰임과 희망에 대해서도 그 사람과 가족들에게 충분히 생각할 시간을 주기 위해서다. 요즈음 이 공간에 대해서 식기와 가전제품보다, 읽을거리와 생각할 거리를 생각하는 사람들이 많아졌다. 소유와 비교에서 자유로울 수 있고, 잘 가꾼 자신의 공간에서 심오한 행복을 만나기 때문이다.

이 글을 쓰는 내내 자꾸 시어머님과 옛집 부엌이 마음속에

떠오르는 걸 억누를 수가 없다. 잘 살아냈다는 것은, 그 사람의 기억 속에 공간이 함께 살아 있는 일이다. 공간적 배경을 가지지 못한 삶의 서글픔을 우리는 잘 알고 있다. 진심과 성실성이 없다면, 나의 배경에 공간은 만들어지지 않는다. 나는 시어머님을 부엌과 마당에서 기억한다. 당신이 평생 진심으로 하던 일로부터, 깊이 새겨진 삶을 그 공간과 함께 기억한다.

스스로에 대한 연민으로 어찌할 바를 모를 때, 나에게 마음으로 매질했던 시어머님의 인생을 생각하고 또 생각했다. 붓 한 자루면 세상을 다 얻은 것 같은 선비의 마음처럼, 양념통 하나도 늘 새것처럼 아끼던 시어머님의 살림살이는 나에게 가장 센 '교육'이었다. 시어머님의 고집은 당신의 상처라는 것을 이제는 이해한다. 매끼 따뜻한 밥, 꼭 챙기는 생일상, 절대 흐트러지지 않는 소소한 도구들의 배열, 다음 계절을 위한 준비, 선반 위 초 한 자루와 성냥갑 그리고 찬장 아래 담배 한 갑. 그것들은 최선을 다하여 자신의 중심으로 가족을 지키려는 마음이었다. 어머니는 자신의 집을 짓지 않는다. 자신의 눈과 마음에 담고 싶은 풍경만 그릴 뿐이다.

부엌의 고독

등을 보이는 사람에게는
그 눈에만 가득 찬 풍경이 있다.

그 풍경을
나의 마음으로 볼 수만 있다면,
그와 진정으로 함께 있는 것이다.

고독은 중력처럼
그를 지탱하거나 혹은 종속시킨다.

각자의 고독을
마음에서 꺼내 바라보는 순간,
우리는 진실과 만난다.

부엌의 사물은,
주인의 자부심이자 상처다.

어디든 쉽게 닿을 수 있는
마음의 통로를 비워두는 곳,

절대 고독의 공간, 부엌.

방과 죽음

방은 건축의 시작이다.
그곳은 마음의 장소다.

— 루이스 칸

사람은 어디에서 죽는가

아버지는 평생을 고대했던 제주 여행 첫날 밤, 호텔 방에서 심장마비로 돌아가셨다. 우리 가족은 공항 근처 병원에서 밤을 보낸 뒤 다음 날 아침 비행기에 운구를 실어 고향으로 돌아왔다. 시어머님은 40년 넘도록 살아왔던 집을 팔고 아파트로 이사 온 지 3년 만에 돌아가셨다. 자부심과 같았던 주방과 거실에서 점점 멀어지고, 자신만의 방 안과 병실을 전전하셨다. 요양원을 마다하신 시아버님은 마지막 순간의 시어머님을 집으로 데려오셨다. 환자용 침대를 안방에 들여놓고, 큰며느리가 24시간 간병하다 일주일째 되던 날 아침 시어머님은 홀로 숨을 거두셨다. 아파트 옆 동에 살고 있던 우리는 시아버님의 전화를 받고 달려갔고 동향의 방에서 햇살을 맞으며, 마치 잠을 자듯 체온이 느껴지는 시어머님께 직접 작별 인사를 했다.

그렇게 연달아 부모님 세 분을 떠나보냈다. 마지막까지 우리의 존엄을 지켜주었던 죽음이 시어머님의 죽음이었다. 시어머님은 아무도 보지 않은 새벽 혼자 숨을 거두셨다. 한참을 홀로 누워 있다 우리의 입맞춤을 받은 뒤, 얼굴 위로 천이 덮이는 순간까지 생물학적으로는 미세하게나마 살아계셨을까? 우리들의 목소리를 듣고 계셨을까? 혹은 사각거리는 천 소리에 비로소 세상에서 영원히 빠져나간 것일까? 우리는 창가 침대에 고이 누운 시어머님을 그 공간 속에 오래도록 새길 수 있었다. 나는 마지막 인사를 했고 천천히 그분을 떠나보냈다.

청각은 우리의 감각 가운데 가장 나중에 죽는다고 한다. 이미 죽었다고 선언된 몸도 침대보가 제 얼굴을 덮을 때의 바스락거리는 소리를 듣는다. 나는 흐느끼는 소리, 창문이 닫히는 소리, 나무 층계를 오르는 발소리를 듣는다는 글을 어디선가 읽어둔 것은, 내 인생 최고의 독서라고 생각했다. 생명은 단번에 끝나는 것이 아니라 우리가 모르는 사이 서서히 사라지는 것이다. 그러니 서둘러 그 삶을 접지 않아도 된다.

우리의 옛 문화 중 부모님이 위중하면 안방으로 거처를 옮기는 것을 천거정침遷居正寢이라 한다. 바른 자리에 눕게 한다는 뜻으로 정침은 안방을 가리켰다. 경상도에는 물림 문화 중 안방 물림의 특징이 있어서, 시어머님이 일정한 연령에 달하면 며느리에게 살림을 내어주고 안방을 물려주었다고 한다. 그러나 가장이 병이 들면 다시 안방으로 옮겨져 임종을 준비했다. 집 안팎을 깨끗하게 청소하고 깨끗한 옷으로 갈아입혀, 머리는 동쪽을 향하게 하여 모셨다. 가족과 친지를 그 주변으로 부르고, 이때는 소리 내어 울지 않았다고 한다. 마지막 말에 귀 기울일 수 있도록 고요함을 지키고, 얼굴을 밝은 쪽으로 돌려주어 그림자가 지지 않게 했다. 시아버님께서 하신 일이 천거정침이라는 것을 한참 뒤에서야 알았다.

　문득문득, 시어머님의 마지막 모습들이 생생하다. 병원에서 사람이 오기까지도 여전히 따뜻했다. 손, 얼굴, 발 모두 따뜻했다. 마지막 고통스러웠던 흔적들이 여전한데도 그냥 편히 살아계실 때보다 더 생생하게 그렇게 누워계셨다. 죽음도 삶이고, 삶도 죽음이다. 시어머님이 떠나고 시아버님은 집과 재산을 정리하여 다른 지방에 사는 큰아들네로 들어가셨다. 시아버님은 자신의 손으로 직접 짓고 평생을 살아왔던 옛집과 방을 늘 그리워하셨다. 낯선 도시, 아파트의 작은 방이 마지막 공간이 될 줄은 아무도 몰랐다. 그 누구도 자연스러운 죽음의 순간과 그 공간을 알지 못한다. 여행지에서, 혹은 길 위에서, 혹은 일터에서 죽을 수도 있다. 그래서 나이가 들면 지갑 한구석에 쪽지를 넣어 다니는 사람들이 있다. 어디에 연락해달라, 연명 치료는 하지 말아 달라, 여러 사람에게 누가 되지 않게 처리하는 일에 내 지갑의 돈을 써도 된다고 적은 글을 품에 넣어 다닌다. 우리 아버지처럼.

삶의 마지막 공간들

어떻게 죽는가를 의학에서 말할 수 있다면, 어디서 죽는가는 건축에서 말할 수 있을 것이다. 최근 의학 분야에서는 사람을 살리는 일이 아닌 인간답게 죽는 문제를 용기 있게 펼쳐냈다. 인간으로서 의사 역시 피할 수 없는 죽음, 그 직전의 시간들과 인간의 존엄성에 대한 깊은 성찰로, 가치 있는 삶이란 무엇인지 우리 모두에게 질문을 던졌다. 의미 없는 연명과 과도한 치료, 스스로 선택하지 못하는 마지막 순간들에 대한 그 분야 종사자들의 모순과 고뇌를 감추지 않았다. 사람을 살리기 위해 존재하는 직업이 죽음을 이야기하는 방식이 그랬던 것처럼, 삶을 담고자 하는 직업이 죽음과 공간을 관계 짓는 방식은 나 자신의 이야기로부터 시작되어야만 했다.

우리 사회의 죽음의 경관이 가진 특징을 한마디로 요약하면, 삶과 죽음의 분리라고 한다. 첫째는 묘지의 집단화, 둘째는 다양한 형태의 죽음의 경관, 세 번째는 장례 장소 경관의 변화라는 정의에 나는 이의가 없다(송현동, 〈한국 사회의 죽음에 대한 태도: 죽음의 경관을 중심으로〉). 공간적으로나 사회적으로 완전히 분리된 삶과 죽음은, 망자와 남아 있는 자 모두에게 불행이다. 죽음과 공간을 함께 말하면 사람들은 으레 묘지와 장례식장을 떠올린다. 획일화된 형식으로 축소된 개개인의 죽음 이후의 순간만큼이나, 삶의 소멸 단계에서도 공간은 아무 힘이 없다는 것을 목격한다. 그래서 나는 죽음 이후의 공간에 대해 말하기 이전에 현재의 공간에서 죽음을 말하고 싶었다. 죽음에 대한 성찰과 공간의 관계, 인간의 존엄성과 건축의 관계, 우리를 둘러싼 사물과 정신의 관계, 타인의 삶과 죽음에 대해 생각하고 싶었다. 자신과 타인의 환경 안에서 조금 더 인간답기를 바라는 마음이었다.

건축은 늘 새롭게 짓기를 권하고, 더 나은 곳을 동경하고, 저기로 이동할 것을 권한다. 인간의 노쇠와 죽음에 관해서도 실버타운, 요양원 그리고 납골당과 추모 공원이라고 이름 지은 공간을 화려하게 꾸미는 일로 사람들은 건축의 역할을 이해하고 있을 뿐이다. 그래서 우리 모두에게 관계된 일상에 느닷없이 찾아오는, 소멸과 죽음과의 대면에 대해서 깊이 그리고 천천히 숙고할 공간이 없다.

주택지가 들어서기에도, 상업 시설이 들어서기에도 어중간한 변두리의 교통 좋은 곳에는 요양원과 장례식장이 들어서 있다. 고유한 자신의 생활로부터 우리를 어느 순간 분리해버리는 그곳에는, 죽음에 대한 숙고와 최선을 다해온 삶에 대한 존중이 들어설 공간이 없다. 대부분의 사람들은 요양원과 중환자실에서 자신의 인생을 마무리하는 것에 거부감을 느끼지 않는다. 마무리한다는 표현도 적절하지 않다. 그 순간이 되면 어떤 선택도 할 수 없을 거라 체념하기 때문이다.

인간의 유한성을 인정하는 것이 바로 인간의 존엄성을 지키는 첫 번째 마음가짐이라 본다면, 나의 집과 방은, 죽음과 죽음의 과정을 받아들이기에 가장 적절한 배경이 될 것이다. 어느 날 문득 자신의 인생에 대해 더 깊이 생각하고 가치 있게 사는 것이 무엇인지 질문을 던져 답을 찾고 싶은 마음이 들면, 이전에 품고 있었던 집의 가치, 공간과 사물과의 관계가 완전히 다르게 느껴진다. 어느 곳에서 어떤 것들을 지키며 마지막 시간들을 살게 될지 조금은 선명해진다. 나 자신이 원하는 공간에서 자신이 정한 방식으로 끝까지 살 수 있도록, 가족들도 나의 마지막 삶을 인정해주는 마음을 가지기를 간절히 바란다. 그리고 자신이 가장 중요하게 여기는 일상의 관계와 공간과 사물을, 자신의 존엄과 동일하게 지키기를 소원한다.

미리 그 순간과 공간을 선택하지 못한 사람들은 대부분 죽음을 기다리다 죽는다. 마지막 순간까지 살아내는 것이 아니라, 죽음의 공간으로 스스로 다가간다. 미국의 경우, 1980년대가 되면서 집에서 죽은 사람의 비율이 17퍼센트로 줄었다고 한다(아툴 가완디,《어떻게 죽을 것인가》). 우리나라를 포함한 모든 선진국에서 노화와 죽음은, 이제 가정을 떠나 병원이나 요양원에서 담당하는 일이 되었다. 마지막까지 살아가는 것이 아니라, 지루함과 고독을 견디며 차가운 공간에서 선명한 죽음의 순간을 기다리며 지내는 것이 당연하게 받아들여진다.

의사들이 죽음의 방식, 그 자발적이고 다양한 선택에 대해서 말할 수 있게 되었다면, 이제 건축가는 죽음과 공간, 그 선택에 대해서 더 솔직하고도 명민하게 말할 수 있기를 바란다. 나는 어디서 죽고 싶은가? 만약 내가 죽을 공간을 스스로 준비하고 그릴 수 있다면, 내가 살 집을 그리는 일보다 훨씬 고귀하고 순수한 사색이 될 것이다. 살며, 죽음을 묻는다.

시아버님과 시어머님은 오래도록 살아왔던 동네로부터 멀리 떠나고 싶지 않다고 하셨다. 언제든 마음만 먹으면 옛 동네로 놀러올 수 있는 거리 안에 살고 싶어 하셨다. 그리고 혼자 화장실을 갈 수 있기를 바라셨고, 지팡이는 짚되 휠체어를 타는 순간 끝이라고 생각하셨다. 어느 순간부터 새 물건을 사지 않으셨고, 자신이 가진 가구와 물건 중에서 가장 필요한 것과 자식에게 이어져야 하는 것만을 지키고자 하셨다. 최소한 자신의 손으로 간단한 음식은 해 먹기를 바라셨고, 주변 사람이 어떤 순간에도 당황하지 않도록 소지품을 늘 정리하셨고, 죽음의 방식과 그 이후 우리의 삶에 대해서도 종종 이야기해두셨다.

우리가 가장 안심이 되고 편안함을 느끼는 곳이 바로 자신의 집, 자신의 방이다. 사람은 사라져도 공간과 사물은 남는다. 다음 사람들은 그 사물과 공간이 품고 있는 옛사람과 시간들을 기억해낼 것이다. 세대를 이어가며 내려오는 이야기들처럼, 삶의 배경이었던 건축에 대해서도 우리가 용기를 내어 이야기해야만 그 이야기를 지켜낼 수 있다. 이런 식으로 아버지의 시간은 아들의 시간으로 이어지는 것이다. 일상의 공간에서 삶과 죽음을 이야기해야만 죽음을 타자화하는 일을 피할 수 있다.

공간은 인간이 쟁취하는 것 중에서 가장 거대하고 가장 비싼 것이 되었다. 현대사회는 공간의 가치를 아주 비싸고 예외적인 것으로 만들었다. 잘 정돈된 책장을 배경으로 한 프로필, 커피잔과 노트북이 피사체가 된 일상의 사진, 예술품과 건축물의 관람이 주목적이 된 여행처럼, 우리는 공간을 완전히 소유하는 일은 포기하고, 그 분위기를 구입하고 잠시 거기에 머무는 것으로 만족하게 되었다. 의식주 중에서 우리에게서 가장 멀어진 것이 주住다.

어떻게 살 것인가를 결정할 권한은 의료 전문가와 건축가에게 맡겨진 셈이다. 마지막 시간들을 죽음의 과정이 아니라 삶의 과정으로 채우는 방식만큼이나, 삶의 마지막 공간을 결정하는 것에서도 우리는 스스로 멀어졌다. 그리고 평생 가꾸어오고 익숙했던 삶의 방식과 환경이 갑자기 눈앞에서 사라지면서, 무력한 자신에게 다가오는 인생의 소멸을 미리 실감한다.

독립심 강한 딸은 아버지를 오래 기억한다. 내가 그렇다. 아버지의 물건과 공간이 마치 내 것인 듯 생생하다. 몸이 아프면 자꾸 집으로 돌아오고 싶다, 자꾸만 내 방 생각이 난다고 아버지는 말씀하셨다. 나는 나의 집, 나의 방 침대에서 잠을 자듯 죽고 싶다. 무방비 상태로, 무심한 거리에서, 혹은 나의 순서를 기다리며 죽고 싶지 않다.

무엇을 바라보고 어떻게 죽기를 원하는가, 어디서 죽을 것인가라는 질문을 사람들에게 던지면, 모두 자신의 집, 자신의 방을 떠올릴 것이다. 집은 죽을 때까지 살아갈 곳이다. 방은 집, 건축 그 본질에 가장 가까우며, 방은 우리가 생각하는 '삶'과 '죽음' 둘 다의 공간에 가장 유사하다. 노인의 잠은, 우리가 생각하는 '죽음'과 가장 닮아 있다. 시어머님의 잠은 불안하고도 고요했었다. 삶과 죽음은 늘 한곳에 있었다. 방은 잠을 자는 곳이기에, 자신의 방에서 죽을 수 있다면 가장 인간다울 것이다.

잠은 죽음과 같은 것으로 종종 비유되었다.《성경》에서도, 동양 사상에서도, 서양 철학에서도 잠과 죽음은 오랜 시간 서로 연결되어 있었다. 잠을 죽음을 위한 매일의 예행연습이라고 여겼고,《탈무드》에서는 잠을 유대인의 율법이 목표로 하는 깨달음의 문턱이라 정의하고, 죽음의 60분의 1이라고 설명한다(캣

더프,《행복한 잠으로의 여행》). 죽음, 밤, 중력 등 우리가 어찌할 수 없는 것들로부터의 두려움 때문에 건축이 필요했다. 그래서 건축은 인간의 욕망보다는 인간의 두려움을 이해하는 일에 더 가까이 있다. 죽음에 대한 두려움은 일상의 지속에서, 밤에 대한 두려움은 빛의 소유로부터, 중력에의 종속은 건축의 가능성을 꽃피웠다.

나의 방, 나의 집

제실 할머니의 집은 방 한 칸이 전부였다. 아무것도 없는 집안에 열아홉 나이로 시집와 사람들의 눈을 피해 제실祭室이 자리 잡은 언덕 한쪽 빈터에 방을 만들어 살림을 차렸다고 한다. 마흔하나에 남편을 잃고 식당 일로 삼남매를 다 키워 보내고, 꽃 같은 스물아홉의 딸을 영원히 가슴에 묻었다. 이제 할머니는 홀로 그 집에 남았다. 동네 사람들은 할머니를 밤에 일하러 다니는 여자로 불렀고, 할머니는 통행금지에 걸려 파출소에 세 번이나 잡혀갔다고 했다. 두 사람의 궁핍한 살림살이에 다리 뻗고 누울 방 하나면 족했던 삶이었지만, 아이들이 태어나고 자라면서 큰 방과 먹고 씻는 공간이 더 필요했다. 그래서 마당에 천막을 쳐서 물 쓰는 공간을 따로 만들고 수세식 화장

실도 별도로 지었다. 자식들이 다 떠난 그 집에서, 간간이 찾는 그들을 위해 음식을 준비하고, 설거지를 하고, 목욕을 하는 공간을 하나씩 만들어갔다. 20만 원을 주고 만든 천막과 수도는 할머니의 자부심이었다. 거실과 손님방은 할머니의 방이, 욕실과 바깥 부엌은 마당의 천막이 대신했다.

현대인들은 이름으로 나뉜 공간을 가지지 못하는 것을 불행이라 여긴다. 원룸보다는 거실과 방과 주방과 욕실이 따로 있는 곳에 살기 원한다. 이처럼 공간에 이름을 붙이게 된 것은 언제부터일까? 잠을 자고, 요리를 하고, 밥을 먹고, 몸을 씻고, 책을 읽는 공간—침실, 주방, 식당, 욕실, 서재—등의 명명 구분을 가지게 된 것은 서양 건축의 영향이 큰 것 같다. 우리나라는 전통적으로 집 안의 공간들을 기능이 아니라, 신분과 성과 세대로 분리해왔다. 주인과 하인, 남자와 여자, 부모와 자녀, 이런 식으로 공간과 영역을 나누어 부르는 데 익숙해져 있었다. 여전히 우리의 집이 불안정한 것은, 정해진 용도 없이 물건과 공간을 사용하던 생활 습관과, 인간의 노고를 줄이는 고정 가구로 채워지는 현대의 공간 사이에서 아직 자신의 집을 확정하지 못해서다. 활동과 장소가 일치하는 것, 반대로 활동은 바뀌지만 장소는 변함없는 것, 우리는 이 사이에 있다.

어떤 사람과 오래 알고 지내면 그 사람의 삶에 대한 어떤 권리가 생기는 것만 같다. 마찬가지로 어떤 자리에 아주 오래 머무르면 그 땅에 대한 권리가 암묵적으로 인정받는다고 우리는 생각한다. 이제 그곳은 누구에게나 제실 할머니의 집이었다. 할머니는 허락받지 못한 미안함에, 주인 없는 제실의 마루와 창을 매일 걸레질하면서 그 집에 살아도 된다는 인정을 이제야 받았다고 생각하셨다.

할머니 집의 방 크기는 폭 1.5미터에 길이 2미터 남짓이었다. 천정 높이도 낮은 편이라 방은 더 작게 느껴졌다. 길이가 긴 쪽의 벽 끝에는 옷장 하나가, 맞은편 벽으로는 낮은 장과 텔레비전이 놓여 있었다. 긴 벽에 기대어 혼자 다리를 쭉 뻗고 보기에 안성맞춤이었다. 할머니가 이 방에서 홀로 지낸 세월이 45년이다. 방 안에는 누구든 살아 있다면 절대로 피할 수 없는 인생의 슬픔과 기쁨이 셀 수 없이 겹겹이 쌓여 있었다.

손자들이 접어 만든 종이 카네이션, 얼마 전 세상을 떠난 남동생의 장례식에 입었던 털 코트, 잘 보이는 곳에 정돈된 약봉지들, 그리고 언제든 영정 사진으로 쓸 수 있게 만든 본인의 초상 액자, 손만 뻗으면 따뜻한 커피 한 잔 누구에게나 내줄 수 있는 커피포트와 인스턴트커피. 이곳은 할머니에게 삶의 마지막 공간이다. 할머니는 대화 도중 옷장 문을 열고 아래 서랍을 꺼내 곱게 접힌 수의를 보여주셨다. "내가 알아서 다 준비해놓았어. 비싼 것도 필요 없지. 요즘은 다들 화장하니 태워 없애버릴 건데 뭐, 이거면 돼."

예전에는 윤달이 낀 해에는 동네에 안동포安東布 수의를 팔러 오는 사람이 있었다. 집집마다 어머니들은 쌈짓돈을 꺼냈고, 옷장 마지막 서랍에는 명절 한복과 수의가 나란히 자리 잡고 있었다. 우리 모두 죽는다. 누구나 맡게 될 죽는 자의 역할은 무엇일까? 인간으로서 하나씩 쇠퇴해가는 능력과 감정을 인정하는 일은 쉽지 않다. 그렇지만 점점 잃어가는 삶에 대한 주도력을 마주하면서도, 인간관계와 일상 공간에 대한 성찰을 통해서, 상실의 속도와 충격을 완화시킬 수 있다는 생각이 든다.

제실 할머니의 집은 소박하지만 정갈했고, 이미 고독을 정면으로 마주했으므로 할머니의 행동과 말은 우연한 만남에도 진실했다. 아무것도 남지 않는 것을 알게 된다면, 집은 자신의 가장 좋은 친구가 된다. 방이 나를 반긴다는 제실 할머니의 말처럼, 사랑의 증거와 죽음의 준비들을 펼쳐보며, 무엇을 소유해서 의미 있는 삶이 아니라 내가 이어온 역사, 현재의 삶 그 자체가 숭고하다는 것을 직시하는 길만이 인간답다. 어느 순간 벽과 가구와 천정은 잊히고, 나를 둘러싸고 있는 빈 공간만이 중요해진다.

이른바 기술 사회가 되면서 우리는 '죽는 자의 역할'을 잊고 말았다. 그것이 삶의 마지막을 향해 가는 시점에서 사람들에게 얼마나 중요한지를 잊어버린 것이다. 사람들은 추억을 나누고, 애

정이 담긴 물건과 지혜를 물려주고, 관계를 회복하고, 이 세상에
무엇을 남길지 결정하고, 신과 화해하고, 남겨질 사람들이 괜찮
으리라는 걸 확실히 해두고 싶어 한다. 자신의 이야기를 자기가
원하는 방식으로 마치고 싶은 것이다.

— 아툴 가완디, 《어떻게 죽을 것인가》

죽음 앞에 걸쳐질 마지막 삶의 질은, 그와 관계된 남은 사람들의 삶에 큰 영향을 준다. 그리고 그 공간의 조건들은 우리들의 기억과 삶에 결정적인 조건이 된다.

동쪽으로 난 창은 자신에게 아침을 가장 먼저 알려준다. 고독의 두려움은 자신이 만든 감정에 불과하다는 것을 이해하게 된 지금, 이 순간까지 흔들리면서도 해의 신호를 따라서 걸어온 길을 떠올린다. 그리고 벽 너머 가족의 일상을 알려주는 소리들은, 내가 사라진 이후에도 가족의 일상이 이어질 거라고 안심시켜준다. 손을 뻗으면 닿는 시어머님의 방 문갑 안에는 통장과 서류와 연락처와 수첩이 있었다. 가족 모두 거기에 중요한 것들이 다 모여 있다는 것을 알고 있다. 낮은 이부자리에서, 침대로 자리를 옮긴 것은 돌보는 이의 편의를 위해서다. 죽는 자의 역할은, 나 자신이 사람과 세계를 연결했던 한 부분을 담당했음을 의식하는 일이다. 스스로가 소멸해감을 바라볼 때, 공간은 사라져가는 자신의 능력들과 교감한다.

너의 집에서 살다, 나의 집에서 죽다

우리는 결코 역사가가 될 수 없으며, 시인이 될 수밖에 없다고 바슐라르는 말했다(《공간의 시학》). 우리에게는 사실을 자신만의 방식으로 이해하고 창조하는 능력 혹은 약점이 있다. 그래서 똑같다고 말하는 인생이지만, 똑같은 삶, 똑같은 방은 하나도 없는 것이다. 삶의 사실들은 우리의 감정을 거쳐 마치 시처럼, 상상력과 추억으로 자신의 몸과 공간에 아주 깊이 새겨진다. 방에서 일어난 일들, 소소한 대화, 마치 그 사람처럼 생생하고 익숙했던 일상의 물건들, 그리고 벽에 기대고 문을 여닫고 불을 끄고 켜던 몸짓들, 창문으로 들어오던 어슴푸레한 밤의 빛들, 낡은 이불의 꽃무늬들은 가끔이라도 기억해내서 읊어야 하는 그 사람의 시와 같다. 나의 공간과 그 사람의 공간을 깨끗이 하고, 각자의 방식을 존중하는 일은 인생을 사랑하는 가장 분명한 방식이다.

사람들은 죽음 그 자체보다 마지막 시간들 동안 겪게 될 비참함을 더 두려워한다. 특히 우리의 문화나 예술이나 철학에서, 삶과 비슷한 비중으로 죽음은 다루어지지 않았다. 그래서 삶과 죽음 사이에 존재할 수 있는 무수한 시간과 영역, 관계에 대한 이야기는 이제 막 태어나는 중이다. 인간의 존엄을 지키는 공간에 대해서도, 끝이 까마득한 두꺼운 책의 첫 문장이 겨우 던져졌을 뿐이다. 매일 밤, 제실 할머니는 잠이 들 때 이렇게 고요히 떠날 수 있기를 기도한다고 했다. 그리고 이 방은 내가 잠을 자듯 숨을 거둘 곳이니, 당황하지 말고 장례와 이별에 필요한 것은 모두 여기서 찾으라고 매일매일 방을 정리한다고 했다.

부모가 남기고 가는 것은 물건과 공간이 아니다. 그전에 이미 나에게 모든 것은 새겨졌다. 그리고 부모의 방은 타인의 방이 아니다. 자신에게 정신적으로 가장 가까운 공간이며 나는 거기에 속한다.

예전에는 집을 직접 짓거나 장만하면 거기서 평생 살 거라 생각했었다. 그래서 집에서 죽음을 맞는 일도 자연스러웠고, 장례에 필요한 물건과 마지막 말들을 방 어딘가 누구나 짐작 가능한 곳에 정돈해두었다. 아르스 모리엔디 Ars Moriendi, 즉 죽음의 기술은, 삶의 기술과 일맥상통하는 말로서 삶을 배우듯이, 죽음도 삶의 과정과 일상의 공간에서 자연스럽게 습득되는 것이다. 이제 막 죽음과 공간 이야기를 시작하게 되었다면, 우리가 집을 짓는 이유와 죽음의 기술은 어떻게 연결될 수 있을까?

준비되지 않는 죽음에 대한 두려움을 이제 모두 알게 되었다면, 우리는 어떻게 서로 모순적인 삶과 죽음을 동시에 한 공간에서 준비할 수 있을까? 고통과 상실의 지독한 슬픔을 겪은 뒤 어제와는 완전히 달리 보이는 세상에서 나는 어떻게 그의 공

간을 허물고 새로운 집을 지을 수 있을까? 아니면 새로운 집이란 무의미하니, 나는 그저 그의 물건을 치우고 담담히 내 삶을 이어가야 할까? 개인의 소멸이 사회와 공동체의 문제를 끌어안는 차원으로 의미를 가지려면, 죽음의 방식과 사후의 공간은 누구를 위해 숙고되어야 할까? 그 사람이 입을 열 수 없을 만큼 쇠약해져서 취할 수 있는 다른 소통의 방법을 찾아야 할 때, 우리의 행동과 그 사람을 위한 공간은 어떠해야 할까? 헛된 희망을 불어넣는 일은 절대로 해서는 안 된다면, 우리는 어떤 말과 침묵으로 그의 주변에 머물러야 할까? 죽음에 대한 두려움과 편견이 우리의 무의식을 지배하여 이성을 마비시키기 전, 나는 이제 겨우 질문의 목록만 작성되었다고 생각한다.

 죽음의 과정을 받아들인다는 것은 지금 이 순간이 가장 중요하다고 느끼게 하는 것이다. 이것이 바로 죽음의 기술이자 삶의 기술이다. 결코 다르지 않다. 내가 시어머님의 죽음의 과정이 가장 존엄하다 느끼는 이유는, 아직도 시어머님을 떠올릴 때 생전 살던 집과 방의 소소한 모든 것들이 같이 떠오르기 때문이다. 프랑스의 시인 아폴리네르의 묘비명처럼, 우리는 "무게 없는 인생을 얼마나 자주 손으로 달아보는가?" 생명이 다하면 그 손안에 쥐어지지도 않는 바람이 될 것을, 간혹 상념에나 떠오를 뿐 완전히 잊힐 것을. 이별을 진심으로 슬퍼할 사람 몇 명, 버려도 상관없는 옷가지와 이부자리, 누구나 대체될 수 있는 직책, 남은 이들의 한동안의 근심을 채워줄 돈과 물건들, 시아버님 집을 정리하다 발견한, 시어머님께서 몰래 피우시던 백자 담배와 재봉틀 바늘통. 화장실 앞 목단 꽃 곁에 앉아 몰래 담배 피우시던 모습이 선하다.

  스러져가는 인생이지만 되도록 일상으로부터 그 사람을 완전히 떼어놓지 않으려고 시어머님 자신과 가족 모두 노력했다. 죽음은 어느 누구에게나 당연한 것이었지만, 그저 애도와 망각의 주기를 거치는 일상의 틀이 아니라, 가까운 이의 죽음을 내 삶의 연장으로 느낄 수 있어서 정말 다행이라 생각했다. 더 좋아질 거라는 말은 할 수 없었지만, 가족들의 행동과 말의 원천이 우리 자신의 존엄만큼이나 부모님을 존중하는 데서 나오기를 바랐다. 그래서 시어머님과 두 아버지를 생각하면 늘 마음에 맴도는 말이 있다.

  행복해지는 길.
  사랑하는 사람과 같이.

  반의식 상태에 있는 사람은 응답할 수는 없어도 들을 수는 있다고 한다. 그래서 자신의 의사를 전할 수 없다는 사실이 가장 괴로운 일이라 한다. 의학 분야에서는 의식이 저하된 환자가 그들이 반응하는 것 이상으로 감지하고 있다는 것이 경험에 의해서 입증되었다고 확신한다. 그렇다면, 자극과 변화가 없는 공간이 우리가 서로에게서 발견할 수 있는 무수한 단서들을 얼마나 많이 덮어버렸는지가 생각이 난다. 평소에 나누었던 대화와 몸짓은 이제야 힘을 발휘하여 서로에게 위안을 준다. 인공적인 생명 연장 대신 죽음을 기꺼이 받아들이고자 했던 존엄한 죽음의 방식과, 남아 있는 가족들에게 도움이 되고 싶었던 바람을 존중하여 그 사람의 공간과 물건을 지킨다. 죽음을 목도하면 우리에게는 진짜 삶이 시작된다.

누군가를 단 하나의 감정으로 표현할 수 있을까? 증오에는 사랑받았음이, 고독에는 함께였음이, 죽음에는 살아 있었음이 먼저 가득했다. 죽음은 오직 살아 있는 사람만이 할 수 있는 말이고, 비어 있다는 것은 채워짐을 아는 이만 인지하는 감정이다. 공간에 남은 흔적과 기억을 통해야만, 그곳은 이제 비워졌다는 말을 할 수 있다. 공간을 차지하고 있었다는 것은 삶의 증거다. 그리고 우리가 알고 있는 죽음의 공간들은, 죽은 자를 위한 것이 아니라, 살아 있는 이에게 죽음을 이해시키는 공간이다. 죽은 자는 죽음을 말할 수 없기에 산 사람이 말하는 죽음의 공간만이, 삶과 죽음을 구분하는 경계에 대한 아주 자세한 관찰만이 유효하다는 생각이 든다. 죽음의 공간은 바로 삶의 공간이다. 죽음으로부터 생명의 원리를 꿰뚫었듯이, 한 공간에서 삶과 죽음을 동시에 보는 법은, 사유와 실천을 자극하는 일상의 공간이 우리에게 줄 수 있는 가장 깊은 성찰의 단서다.

건축은 어디에나 있고 모두와 연관되어 있다. 자아 성찰의 절반은 자신에 대한 배타적 숙고, 그 나머지 절반은 "외부에 대한 참된 관찰"(노발리스, 《밤의 찬가》)로부터 이룰 수 있다 했다. 마치 인생의 새로운 문을 여는 것처럼, 우리 주변에 있는 것들에 대한 참된 관찰로 나의 삶이 변화될 수 있다고 믿는다. 어떤 순간과 어떤 사람을 사실보다 더욱 아름답고 극적으로 새기는 일, 건축 일을 하면서 간절히 바라는 바도 이런 서정을 실현하는 것이었다. 매일 반복되고 특별함이 없는 그저 나의 환경 안팎, 제한된 공간 속에서 살아가는 일이, 가끔이라도 한 편의 시가 되기를 바란다. 오래된 재료, 잘 설계된 공간, 정성스러운 디테일은 각자의 시들을 담고 있다. 가만히 귀 기울이고 사랑을 담고 바라보면, 그제야 들리는 시가 있다. 자신의 기초이자 가장 평화로운 곳으로 기억되는 집, 가장 깊은 곳이다.

방과 죽음

나의 방에는
장식 없는 벽이 있어야 한다.
창으로 들어온 빛과 온기를
오래도록 붙잡아둘 수 있도록.

낮은 창도 필요하다.
빛과 바람을 느낄 수 있도록.

등을 대고 바닥에 누워도 삶은 이어지니.
돌아가신 어머니 사진과
아이의 사진을 나란히 둔다.

삶과 죽음은 늘 함께 있으므로.

책, 펜과 종이, 약을 넣어둘 작은 가구와
손을 뻗어 켜고 끌 수 있는 조명
그리고,
안전하게 기댈 수 있는 벽 하나.

좋은 삶과 죽음에는 준비가 필요하다.
방은 바로 그 준비처다.

우리에게 공간이 필요한 이유

네가 하는 것을 계속하라.
사실을 배워라. 그것을 따라 하라. 너 자신을 알라.
이것이 자연의 진행 방식이다.
너에게 네가 가진 힘의 진가를 알아볼 수 있게 해준
우연의 방법을 체계적으로 되풀이하라.
동일한 지능이 인간 정신의 모든 행위에서 작동하고 있으니.

―자크 랑시에르, 《무지한 스승》

나의 도구, 나의 무기

　　내가 가장 많이 가지고 있는 똑같은 책은 바로 생텍쥐페리의 《인간의 대지》다. 영어판 한 권, 한국어판 두 권, 프랑스어판 두 권, 이렇게 총 다섯 권을 가지고 있다. 스스로 구입한 것도 있고 선물로 받은 것도 있다. 특히 선물받은 《인간의 대지》프랑스어판 문고는 오랫동안 내 가방 한구석을 차지하고 있었다. 이 책에서는 무심히 아무 페이지나 펼치더라도 마음에 와 닿는 문장을 만나는 일이 쉬웠다.
　　한 직업의 위대함이란 그 사람이 만들어낸 물질과 정신을 넘어서, 그 일을 통해 사람들을 연결하고 내가 속한 세계의 의미를 새기는 데 있다는 진리도 알게 해주었다. 나의 직업은, 어디에 정착하고 누구와 살아갈지를 결정해주었고, 내가 세상과 맺은 모든 관계와 공간의 범위도 그 위에서 펼쳐지고 접혔다. 첫 번째 장에는 이런 글귀가 있다.

대지는 우리 자신에 대해 세상의 모든 책들보다 더 많은 것을 가르쳐준다. 이는 대지가 우리에게 저항하기 때문이다. 인간은 장애물과 겨룰 때 비로소 자신을 발견한다. 하지만 이를 이루기 위해서는 연장이 필요하다. (……) 나는 어떤 풍경이든 그것이 한 문화나 문명, 그리고 직업을 거치지 않고서는 아무런 의미도 지니지 못한다는 점을 이미 알아차리고 있었다.

지혜로운 사람은 어떤 도구를 받치고 있는 그 시대의 열망과 기술의 원리를 볼 줄 안다. 그래서 보통의 사람들이 새로운 물질에 경탄하고 소유하고자 경쟁하는 그 순간, 도구의 창조 속에 깊이 새겨진 선지적인 인간애의 망각에 가슴 아파한다. 그래서 때로는 비탄에 빠지기도 하고, 때로는 순수한 열광으로 예외적인 글을 남긴다. 각 시대마다 문명을 이끌었던 탁월한 도구들 중에서, 한 인간의 순수한 탐구의 심연에서 탄생한 것들이 많다. 그래서 작게는 연장, 크게는 건축과 같은, 도구의 본디 모습과 창조의 근원에 대해 설명하는 일은 큰 의미가 있다. 도구를 태어나게 한 것은 인간의 약점과 갈망, 그리고 그것을 구하기 위한 초월적 사랑이라는 것을 이해한다면, 새로운 것만을 소유하고자 애쓰는 이들이 느끼는 공허함을 극복할 수 있을지도 모른다.

물질을 소유하려고 애쓰다 어느 순간 물질로부터 자신의 존재를 확인하게 된 우리는 마치, "장난감에 감탄하는 젊은 야만인들에 지나지 않는다"《인간의 대지》. 직업을 통해 대하는 세계에서는 자신만의 도구들이 갖추어진다. 건축은 추상적인 것을 구체화하고 나열된 요소들을 엮는 데 도구들을 사용한다. 한 사람의 정신으로부터 나온 첫 번째 발상에 구체적인 형태를 주어 세상과 교감하는 것은, 이미 존재하는 요소들과 도구들을 새롭게 조합하는 것이다. 인간의 창의력이 지성에 의거하는 것이 바로 이러한 원리다.

크기와 높이에 대한 나의 직관은 정확하지 않았지만, 줄자는 늘 든든했다. 현장에서는 서로 말문이 막히면 종이나 벽에 그림을 그린다. 그림과 숫자로 소통하는 직업이라서, 말과 글이 길어질수록 건축과는 멀어졌다. 우리의 혼돈을 가라앉히는 것은, 말과 글이 아니라 그림과 숫자다. 말이 서로 엇갈리면 조용히 펜을 꺼내 그림을 그리고 거기에 숫자를 넣는다. 글과 달리, 숫자와 그림은 먼저 쓰인 것이 있어야 그다음이 만들어진다. 큰 그림에서 부분만 떼어내어 갈아치울 수 없고, 배열과 연산을 하나만 건드려도 전체가 움직인다.

내 눈과 손을 믿어야만 한다. 남의 언어로 자신의 기술을 말할 수 없다. 직업의 어휘를 익힌 뒤 나만의 도구를 갖추어야 비로소 세상으로 길을 떠날 수 있다. 건축가에게 글과 생각이 꼭 필요한 순간은, 우리 밖에 있는 다른 사람들과의 만남을 준비할 때다. 변덕과 불완전함을 이겨내는 자신만의 도구를 가지지 못한 사람은 가여운 사람이다. 비록 "인간의 머리가 자신의 손과 발"(헨리 데이비드 소로, 《월든》)이라 해도 사실들을 배우고 반복하면서 내 몸에 배인 모든 것이 자연스러울 때, 심오한 세상의 이치가 내 삶으로 들어온다.

도구와 사물 그 자체는 순수하다. 그러나 인간이 목적을 향해 나아갈 때 도구와 사물을 거치면서 자신만의 관점을 가지게 된다. 경험이 우리의 이성에 영향을 끼치는 것이 분명하다면, 직업은 우리의 세계관에 결정적인 전제다. 각자 신념의 틀은, 사물과 공간에 대한 심미안과 대인 관계에도 작용한다.

내가 만약 건축가가 아니었더라면 자연스럽다는 것과 자연적이라는 것의 차이를 알지 못했을 것이다. 자신의 공간에 대한 이야기를 꺼내는 것은, 결국 자신에 대한 대화를 누군가와 나누고 싶다는 것임을 눈치채지 못했을 것이다. 삶을 아름답게 읽으려는 노력만이, 나의 공간을 아름답게 만든다는 것도 알지 못했을 것이다. 좋은 설계, 이야기, 영화, 음악, 기술 모두 연결성에 관한 것으로서 무수한 요소들이 전체의 일체성을 향해 결합되는 데 그 아름다움이 있다. 내가 건축가가 아니었다면, 우리의 삶 어느 곳에나 퍼져 있는 아름다움을 서로 연결하는 능력도 가지지 못했을 것이다.

구도심의 재생 사업을 오랫동안 담당하며 수년간 눈을 감고도 지도를 그릴 듯, 대구시 중구 일대의 사람과 길을 익힌 공무원을 몇 해 동안 알고 지냈다. 만나는 사람의 이야기들을 모두 마음에 새겼던 그녀의 수첩은 인맥 보물 창고에 가까웠다. 그 사람의 삶의 주제와 배경은 어떠한지, 언제 누구를 만났는지, 어떤 대화를 나누었는지 모두 기억하고 있어서, 서로 필요로 하는 사람을 이어주는 데는 제격이었다. 그래서 나는 그녀가 이 지역의 집과 공간에 대해서도 분명히 많은 정보를 가지고 있을 거라 확신했다. 기대를 품고 그간 다니면서 인상 깊었던 공간이나 살림살이를 가진 집이 없었느냐고 물어보았다. 하지만 기대는 완전히 어긋났다. 그녀는 공간을 전혀 기억하고 있지 않았다. 직업이 무엇이고 가족관계가 어떻게 되고 그 땅을 얼마에 언제 매입했는지는 거의 모든 것을 기억하고 있었지만, 그 집이 어떻게 생겼는지, 대문이나 방의 분위기, 계단과 같은 특징들은 무엇이었는지는 전혀 알지 못했다. 사람들은 대부분 자세히 말해주지 않으면, 건축과 공간에 무감각하다.

격물치지格物致知라는 말이 있다. 격물은 동양 사람들에게는 과학이라는 뜻이다. 사물에 다가가 그 사물이 가지고 있는 이치를 깨달으려고 노력한다는 뜻인 격물은, 원래는 《대학》에 나오는 격물치지의 줄임말이다. 어떤 사물의 원리를 알고 싶다면 그 사물로 다가가서 내가 가지고 있는 모든 지식과 지혜를 총동원하여 몰입해야 그 원리를 깨달을 수 있다는 말이다.

우리는 건축을 매일 만나면서도 건축과 만났는지 전혀 기억하지 못한다. 절실한 마음이 있어야 건축이 보이고, 그 원리를 이해해야만 만남은 나의 성찰로 완성된다. 일상의 환경에 스스로 다가가서 세심히 관찰하는 것은 바로 현대인에게 어울리는 격물이다. 나는 은유와 상징으로서의 건축이 아니라, 크기와 역할과 재료로서 각 부분들을 읽는 일이 격물이라 생각한다. 공간을 '본다'라고 하지 않고 '읽는다'라고 하는 이유는, 정보들이 내 안에서 다시 재구성되어야 전체를 이해할 수 있기 때문이다. 정보의 합을 초월하는 전체성을 가늠하고자 노력해야만 진정으로 공간과 삶을 이해할 수 있다.

건물과 공간을 지탱해주는 '구조'와, 기능을 담고 감동을 창조하는 '연출', 이 두 조건은 인간의 시대를 흘러오며 건축 안팎에서 겹쳐지기도 했고 분리되기도 했다. 그리고 어떤 패턴과 확신성을 주는 외관은, 그 속에서 사람들이 반복적으로 해왔던 일로부터 확고해졌다. 반복성은 기술이 되고 일상이 된다. 반복적인 모든 것들은 공간에 깊이 새겨진다. 건축이 도리어 인간을 만든다는 경구도 있지만, 그 어떤 것보다 공간은 사람을 굳게 각인한다.

길거리에 서 있으면 모든 사람이 비슷해 보이지만, 한 사람이 어떤 공간에 속하게 되면 인간의 개성은 비로소 두드러진다. 현대인은 그 어느 때보다 공간적이 되었다. 사실 건축이 없으면 우리는 아무것도 할 수 없는 시대에 살고 있다. 먹는 것도, 머무는 것도, 어떤 정신 활동이나 지속적인 교류도 불가능하다. 의사에게도, 건축가에게도, 요리사에게도, 수선공에도, 공간은 가장 중요한 도구다.

자신만의 원리를 반복하라

가로 2미터 세로 1.6미터 높이 2미터의 좁은 공간 안에서 30년 동안 도장 파는 일을 해온 정 씨 할아버지는 그곳이 좁은 줄 모른다. 그리고 기계 없이 도장 파는 원리를 이렇게 설명한다. "한글은 미음 안에 다 들어간다. 어떤 자음이든, 미음을 먼저 그린 뒤 어디를 틔우고 비워야 하는지만 생각하면 된다. 이를테면 이응은 미음 안에 구멍을 내면 되고, 지읒은 좌, 우, 아래 세 면 가운데를 틔어주면 된다."

실제로 한글의 자음은 발음기관의 모양을, 모음은 '하늘, 땅, 사람'의 모양을 본떠서 기본자가 만들어졌다. 그리고 기본자에

획을 하나씩 더하여 전체가 완성되었다. 도장을 파려면, 나타내려는 글자 부분을 남기고 배경 부분을 파내야 한다. 그리고 사람의 이름은 반대로 찍힐 수 없으므로, 활자와 판화와는 다른 원리가 필요하다. 할아버지는 글자와 판화의 원리를 뒤집고, 자신만의 원리를 발견하여 그것을 오랜 시간 되풀이해왔다.

사람에게는 기술이 있어야 마음을 진심으로 전할 수 있다. 그저 아끼는 마음만으로는 누구에게도 도움이 안 된다. 필요한 것을 필요할 때 줄 수 있어야 한다. 내 기술이 있어야 남도 도울 수 있다. 노인도 나름의 할 일이 있다.

인생의 깊이를 아는 사람과의 대화에서는 늘 절절한 깨달음이 있다. 투박한 언어라도 나의 마음에는 뾰족한 창처럼 깊숙이 그 말이 박힌다. 그래서 나는 자전적 에세이나 자기계발서가 싫다. 인생의 자연스러운 이치는 그렇게 구구절절 말하지 않아도 깊은 삶을 사는 사람이라면 저절로 알게 되는 것이다.
아버지가 그랬다. "독수리의 날갯짓을 참새는 절대 못 따라간다. 높이, 멀리 날려면 날갯짓을 열심히 해야 하는 게 아니라, 큰 날개를 가져야 하는 거다. 독수리가 나는 하늘과 참새가 나는 하늘은 그 높이가 다르다. 독수리를 한번 보아라. 거대하고 힘찬 날갯짓 한 번이면 얼마나 높이 오르는지를. 참새는 죽어

도 그 높이에 올라갈 수 없다. 그러니까 공부를 해야지. 열심히 하는 것이 능사가 아니라 일단 큰 날개를 가져야 한다." 날개의 의미, 자유의 의미가 무엇인지 이제 알 것 같다. 스스로 구축한 우주 안에서 자신의 최대치를 사는 사람은, 우리 눈에는 보이지 않는 거대한 하늘을 날아다니고 있었다.

독방 감옥의 크기는 0.65평(2.18제곱미터)이다. 할아버지는 독방과 별반 다르지 않은 자신의 일터가 좁다고 생각해본 적이 없다. 30년간 같은 일을 해도 지겹지 않았던 이유는, 되풀이되는 행위와 변함없는 환경 속에서도 자신만의 눈으로 새로움을 발견할 수 있어서다. 평범한 사람이 몇백 그루의 나무를 꾸준히 심을 수 있거나, 매일 새벽에 일어나 시 한 편씩 규칙적으로 쓸 수 있는 것은, 자신만이 발견하는 새로움 때문이다.

대구 남문시장에 있는 월계서점은 1954년부터 63년째 한 자리를 지키고 있다. 헌책방 골목으로 이름을 날리던 시대에 이 골목에는 54개의 서점이 있었다. 이제는 네 군데의 이름만 볼 수 있지만, 진정 살아 있는 서점으로 작동하고 있는 곳은 코스모스서점과 월계서점 두 군데뿐이다. 수십 년 역사를 자랑하며 여전히 간판을 달고 있는 서점이라 해도, 책이 들어오고 나가지 않으며, 사람들의 손에 책을 건네줄 수 없다면 그곳을 서점이라 부를 수 없다. 그리고 책을 파는 사람이 열의와 호기심을 잃으면 그건 서점이 아니라 창고다.

25평에 10만 권의 책, 완전히 절판된 국내외 소설들이 이 집의 보물이라 서점 주인은 자랑한다. 하나의 서점이 제대로 갖추어지려면 20년 정도 걸린다고 한다. 문제집부터 절판된 철학서나 소설집까지, 70년대, 80년대, 90년대 최신 책까지 요모조모 시대의 구색을 어느 정도 갖추는 데 걸리는 시간이다.

살아 있는 서점의 주인은 건강하며, 뜻밖의 것들과 공존한다. 그곳은 항상 공간이 부족하다. 살아 있는 서점의 주인은 항상 할 일이 많다. 동네 안팎 소식을 묻고, 손님을 배웅하고, 책의 먼지를 털고, 음악을 준비하는 일상을 반복하는 서점 주인의 활력으로 서점은 살아난다. 공간이 늘 부족한 이유는 단순히 좁기 때문은 아니다. 사람들의 동선과 쾌적함보다는, 구색과 배열을 더 생각하기 때문이다. 책들은 항상 이동을 준비하느라 여기저기 나와 있어서 더욱 복잡해 보인다. 기울어진 책장이나 전면 책장은 헌책방에서는 사치다. 절벽처럼 가파르고 빼곡히 책이 박혀 있으므로, 찬찬히 눈길로 책등을 더듬어야 자신의 심장을 두드리는 순간을 놓치지 않는다. 20년 전에 이미 15쇄를 찍은 《월든》을 월계서점에서 발견한 나는 손가락에 힘을 주어 그 책을 꺼냈다.

며칠 전 만난 분이, 자신의 책 읽기 모임 '독서백편의자현讀書百遍義自見'에서 요즘 읽고 있는 책이라 했던 기억이 났다. 한 권의 책을 백 번 소리 내어 함께 읽는 낭독 방식을 취하는데, 《월

든》이 너무 두껍고 내용이 많아서 힘들다 했다. 간혹 의미 없는 기억이 연상의 매개가 된다. 훌륭한 책은, 귀로 들었던 제목과 손으로 만난 책의 몸이 일체가 되는 데는 몇 페이지만 읽어도 충분했다.

《월든》 바로 옆에 빅토르 E. 프랑클의 《마지막 하나의 자유》가 꽂혀 있었다. "인간의 고통은 기체에 비유할 수 있다. 만약 일정한 양의 기체를 빈 방에다 채우면 방의 크기에 관계없이 기체는 온 방에 가득찰 것이다. 이와 마찬가지로 인간의 고통도, 그 고통의 대소에 관계없이 인간의 영혼과 의식을 빈틈없이 채울 것이다." 이런 문장을 발견하고 어떻게 그 책을 가져오지 않을 수 있을까? 당시 정가의 20퍼센트를 책값으로 받으시니 두 권 합쳐 2천 원이었다. 책이 워낙 빽빽이 꽂혀 있어서 두 권을 빼냈지만 틈은 금세 메워졌다. 주인 외에는 아무도 책이 빠져나간 줄 알아차리지 못했을 것이다.

60년 넘게 이어온 월계서점은 공간의 상식을 뛰어넘는다. 서점 주인은 서점 책장의 깊이는 18센티미터가 가장 효율적이라고 했다. 책장의 등을 서로 맞대 양쪽으로 세운 서가들로 사람들이 다닐 통로를 만들었지만, 그 통로는 점점 좁아지고 막다른 길도 생겼다. 그렇지만 책장의 미로가 아니라 텍스트의 지도다. 텍스트의 세계 전체 또는 일부를 일정한 비율로 줄여 약

속된 기호를 사용하여 우리 눈앞에 나타낸 것과 같다. 그래서 관점이 반영되어 있고 각자의 표현법이 있다. 이곳에는 지표가 숨어 있었고, 책이 들어오고 나가는 시나리오가 짜여 있었다. 아이의 백과사전을 찾는 엄마를 위해서 위인전을 그 옆에 나란히 두고, 돌아가신 박경리 작가와 박완서 작가의 책을 나란히 놓아 한 권을 찾는 이에게 다른 한 권을 더 권한다. 책의 위치를 물으면 주인은 어느 코너의 몇 번째 단, 무슨 책 근처라고 가르쳐준다.

 책을 파는 사람은 느끼지 못하지만, 우리는 책으로 포위된 그곳에 들어가면 언제나 공간 이상의 무엇을 느낀다. 넓지도 않은 이곳에서 안내자는 꼭 필요하다. 실제로 헌책방의 주인은 아주 노련한 사서다. 우리에게 책의 길을 안내할 뿐만 아니라 각각의 책 아래 연결된 거대하고 평평한 지성의 세계가 존재한다는 것을 가르쳐주는 사람이다. 그리고 헌책방에는 화장실이 있다. 요즘으로 치면 고객 쉼터와 같을지도 모른다. 공중화장실이 많지 않았던 시대에, 책을 사고파느라 한참을 머무르는 사람들 때문인지, 오래 자리를 비울 수 없는 주인 때문인지, 서점의 가장 깊숙한 곳 혹은 계단의 끝에는 화장실이 있었다. 근처에 화장실이 없다는 말과도 같고, 서점 화장실이면 조금 더 만만하게 들어갈 수 있지 않았을까 하는 생각이 들었다.

 계산대는 책에 파묻혀 어디쯤인지 가늠하기 어려웠고, 책을 많이 사가는 사람들을 위해 책 포장 기계나 노끈을 갖추고 있었다. 옛 서점의 주인들에게 그곳은 자신의 일터이자 책의 거래처일 뿐, 어떤 감각을 자극하는 공간으로 생각된 적은 없었다. 그들은 공간 자체로 어떤 감각을 유발해야 하는 필요를 느끼지 않았고 책의 교류에만 집중했다. 그러나 서점은 "거래의 특성상, 합당한 지성과 지식을 지닌 이가 운영한다면 경의의 대상이 될 수 있다"(달랑베르와 디드로,《백과전서》). 우리가 그들을 존경하고 이 장소를 사랑하는 이유다.

지혜롭고 겸손한 이는 반복된 일 속에 드러나는 미세한 변화에 경탄할 줄 안다. 정 씨 할아버지는 단 하루도 똑같은 일을 한 적이 없었다. 도장 파는 사람의 이름이 매번 달라서다. 매일 시를 써온 사람만이, 위대한 글이 자신에게 찾아오는 순간을 알아본다. 우리가 시의 흐름과 주제어를 느끼기 위해서는, 시인이 의도적으로 반복한 소리와 위치를 이해하려고 애써야만 했다. 그 반복성이 바로 시인이 의지하는 '구조'였기 때문이고, 그를 다른 시인으로부터 구분해주었기 때문이다. 우리가 반복적으로 행하는 일이 바로 우리 자신을 결정한다.

매일 일기를 쓰는 이유도 그렇다. 일상은 변화가 없고 나의 영역은 운명이 정해준 원 밖을 벗어나지 못하는 것 같지만, 차곡차곡 쌓여온 일기를 다시 보는 일은 두렵고도 벅차다. 반복된 일상에서 얼마나 큰 발전과 변동이 일어났었는지는 그것을 기록한 사람, 기억을 꺼내는 사람만이 발견할 수 있다. 10년간 써온 나의 일기는 이 책을 채워나가는 데 어떤 참고 문헌보다 값졌다. 일상의 기록 덕분에 건축을 읽는 방법이 달라졌다. 내가 현재 하는 일과 감정을 솔직하게 말할 수 있어야 진실한 관계의 인식이 가능했기 때문이다. 그리고 각자의 일기는, 지금껏 이 세상에는 단 한 번도 없었던 글이다. 한 사람의 고유함과 내체 불가함은, 아무리 고통스럽고 긴장되는 상황 아래서도 자유와 고귀함을 잃지 않도록 만든다.

오래된 공간의 권력

공간의 압박을 받으면서도 월계서점 주인이나 정 씨 할아버지가 가게를 키우지 않는 데는 이유가 있다. 그 자리를 떠날 수가 없어서다. 자신의 기술과 어떤 위치를 오래도록 지킨 사람들에게는 일종의 힘이 생긴다. 동시에 그 권력은 그들에게, 도시의 시간을 간직하고 역사를 기억해야 하는 사명감으로 되돌아간다. 그 사람과 그 가게의 일상은 마치 공공의 '시계'나 '자'처럼 누구에게나 관계된 지표로 인정받으며, 그 장소와 동일시되어 불린다.

서로 아무 관계도 없는 우리들의 시간도 그곳과 관련되어 있다. 이 시간은 객관화된 시간도 아니며, 생산성을 가늠하고 삶을 통제하는 규율로서의 시간도 아니다. 개인의 역사라도 한 장소에 아주 깊고 굳게 새겨지면, 그것은 사람들의 역사, 도시의 역사가 된다. 그 사람, 그 장소에 관계된 각자의 이야기를 펼치는 것만으로도, 현재를 관통하여 도시의 시간은 이어지기 때문이다. 자신의 자리를 오래 지키는 사람들은, 장소 고유의 분위기와 그 길이 지니고 있는 공간의 스케일을 지켜야 한다는 책임감도 자연스럽게 가지게 된다.

공간이나 장소는 우리들 인생의 배경이라고 하지만 때로는 인생 그 자체이기도 하다. 작고 오래된 것을 최대한 지켜야 하는 이유다. 아름다운 도시를 간직하기 위해서는 큰 것과 작은 것, 낡은 것과 새로운 것, 질서 정연한 것과 변화하는 것을 같이 두어야 한다. 공간과 장소는, 누구에게나 동일한 시간의 길이와 사건의 굴곡을 각자 다르게 새기기 때문이다.

일터의 크기를 키우지 않는 또 다른 이유는 사람과의 접촉이 끊어지기 때문이다. 한 사람의 시야와 노동과 연구로 감당할 수 있는 크기 안에서, 자신의 최대치를 발휘하면서 사는 일은 가장 인간답다. 자신의 이윤 목표를 위해서 공간의 규모를 맞추는 이는, 크고 안전한 공간을 마련한 뒤 그 안을 채울 궁리를 한다. 그러나 자신의 팔과 걸음을 뻗어 스스로 공간의 크기와 높이를 정한 사람들은, 물질과 외연에 잠식당하지 않고 스스로의 생각을 실행한다. 사람이 공간의 중심이라는 것을 잊지 않을 때, 공간과 삶은 하나가 된다.

내가 서점을 찾았던 날은, 대여섯 명의 손님이 서가 이쪽저쪽을 둘러보면서도 주인장과의 대화를 각자 이어갔다. "동네의 빵집이 아직 있나요?" "20년 전 여기 참고서 팔러 왔었는데요?" "이 책은 어때요?" "오늘 이렇게 열 권 사는 데 얼마입니까?" "혹시 이반 투르게네프의 작품 전집이 있습니까?" 이렇게 각자의 현재, 각자의 추억에 관련된 질문들이 허공에 던져졌다.

"그 빵집 오래전에 없어졌어요. 학생들 미팅 장소로 유명했었는데." "아직도 참고서 팔러 오는 녀석들 있어요. 20년 전이면 길 건너 극장 출입하며 이리 많이 지나다녔겠네요." "《그 많던 싱아는 누가 다 먹었을까》, 그 책 진짜 좋아요. 1992년판을 가지고 있는 사람은 잘 없어요." "목사님 오늘은 총 2만 원입니다. 책값이 오늘 좀 많지요?" "투르게네프는 생각보다는 작품이 많이 없어서 전집으로 꾸려진 건 없습니다. 지금껏 본 적이 없어요." 나와 대화를 이어가면서도, 주인의 답은 제 질문을 찾아갔다. 서점의 주인이 사람들의 질문을 정확하게 이해하고 있다는 생각이 들었다.

긴 시간에 걸쳐 도시 안에 존재하는 공간, 건축 그리고 장소들은 그 도시 구성원들의 많은 경험과 기억의 집합체다. 도시 안에서 서로 간의 동질감을 지속시키고, 정체성이라는 구분을 만들어내는 기초와도 같다. 건축물이 오래 지속되면 그것의 가치는 공간의 효용과 미의 판단을 넘어서게 된다. 마치 배경처럼 사람들의 정서와 생각의 바탕이 되고, 신체와 사고처럼 우리 자신의 일부를 형성한다. 고 신영복 교수님은 《강의》에서 맹자의 불인인지심不忍人之心, 즉 '사람은 남에게 차마 모질게 하지 못하는 마음을 가지고 있다'를 설명하면서, 우리 사회의 가장 절망적인 '인간관계의 황폐화'의 원인을 인간관계의 지속적 질서의 부재라고 했다.

지속성이 있어야 만남이 있고, 만남이 일회적이지 않고 지속적일 때 부끄러움이라는 문화가 정착된다고 했다. 할아버지, 아버지, 아이들, 그리고 그다음 세대들이 각자의 기억을 가지고 있는 장소와 도시의 질서가 공유될 때, 인간관계는 지속될 수 있으며 이는 사회적 가치로 완성될 것이다. 그러므로 세상에서 인정한 이름을 가지게 되면, 우리는 그것을 정말 소중하게 다루어야 한다. 설령 내가 그 이름의 주인이 아니라 하더라도, 어떤 시대, 어떤 장소, 어떤 가치의 이름을 내가 이어가는 것은 인간으로서 큰 의미가 있다. 10년 뒤쯤 주인의 기력이 쇠하여 서점을 더 이끌 수 없게 된다면 내가 기꺼이 점원이 되겠다고 말했다. 내가 그린 서점과 골목의 어느 날 밤 모습은 이랬다.

'이 길은 아직 권력이나 자본이 읽기 편한 방식으로 정리되지 않았고, 다행히 도시도 완전히 정복되지 못했다. 밤이 내려도 우리 서점의 불은 꺼지지 않는다. 건물 벽에는 오늘 내 마음을 울렸던 긴 문장이 쓰여 있다. 설령 우리 책방에서 인생의 책을 만나지 못했다 하더라도, 늦은 퇴근에 문이 닫힌 우리 서점 앞에 도착했다 하더라도, 누군가가 자신의 인생을 걸어도 될 만한 명문을 벽에 써둘 것이다.'

마음 한번 먹었으면 밀고 나가라, 후회도 주저도 말고. 고삐는 젊음에게 주어라, 다시 오지 않을 젊음에게. 네가 너를 잃지 않는 순간은 네가 이기는 순간!

—니코스 카잔차키스,《그리스인 조르바》

자신의 공간을 지어야 하는 이유

완벽한 장식과 인공적인 분위기, 얼마나 많고 다양한 것을 한데 모았는가만 중요했던 거대한 공간의 압도에 나는 지쳤다. 작고 독립적인 일터의 공간과, 평범한 이들의 일상으로부터 그나마 위안과 안도감을 받았다. 헌책방, 도장 파는 집, 철물점, 문구점, 자전거 수리점 등은 물건이 곧 간판이고, 서로 경쟁하지 않는다. 스스로 만들고 꾸민 공간 안에서 크기와 화려함에 개의치 않는다. 자신의 도구로 사람에게 유익하기를 바라며 그 안에서 인생을 관조한다.

간혹 버스나 택시 운전수가 운전석 주변 구석구석 자신이 정말 좋아하고 필요한 물건들을 가지런히 두었거나, 예쁜 천과 장식품으로 꾸민 차를 탈 때가 있다. 일터의 공간이 따로 없는 이들에게도 영역성과 개성은 아주 중요한 것이다. 사람들의 손과 발을 묶어둘 수 없고, 정신의 여행을 가로막을 수 없듯이, 나는 사람들이 공간으로의 표현을 마음껏 펼치기를 바란다. 그래서 깨끗하고 소박한 자신의 방과 집, 책상과 일터에 대한 이야기가 우리 일상에서 가장 중요한 대화가 되기를 바란다.

건축가라고 말하면 사람들이 가장 많이 묻는 것이, 지금 살고 있는 집 인테리어를 바꾸고 싶은데 돈이 얼마나 드느냐는 것이다. 30~40대가 아니라 20대도 자신의 원룸이나 방을 바꾸는 데 관심이 커졌다. 몇 평에 얼마 정도 든다, 재료는 어디서 산다, 올해 유행은 무슨 색이다, 이런 명쾌한 정보를 얻고 싶어 하는 것 같다. 내 머리를 정리해주던 나이 어린 미용사가, 텔레비전에서 본 것처럼 자신의 방 하나를 스스로 바꾸려면 무엇을 어디서 사야 하는지, 얼마가 드는지 순진하게 물어왔다. 나는 이런 질문의 깊은 곳에 있는 사람들의 진심을 조금은 알고 있다. 그래서 재료나 비용이 아닌 그의 일상 시간과 공간에 대해 물어본다. 대화를 더 나누어보면, 벽지를 유행 색상으로 바꾸거나, 소파 천을 교체하거나, 디자이너가 따로 있는 조명이나 의자의 모조품을 구입하는 문제가 아니었다. 사실은 자신의 공간에 대한 이야기, 결국 자신의 현재 삶에 대한 대화를 누군가와 나누고 싶은 마음이 간절해서였다. 친구들처럼 대학에 가지 않는 대신 미용실에서 일을 하면서, 내가 과연 잘 살고 있는 것인가 하는, 마음속 불안을 나눌 사람이 필요했던 것이다. 그리고 스스로 선택한 인생의 희망을 듣고 싶었던 것이다.

혼자 살다 보니 청소나 요리는 뒷전이었다고 한다. 그런데 어느 날, 집을 말끔하게 치우고 냉장고에 있는 오래된 음식을 다 버리고 난 뒤, 신기하게도 몇 달 내내 자신에게 붙어 있던 감기가 떨어졌다고 했다. 스무 살 이후 스스로 돈을 벌어 공간을 구해 혼자 살아왔다는 말에, 참 대견하다고 말해주었다. 그랬더니 "요즘 일이 조금씩 손에 익어서 선생님들의 칭찬을 들었어요. 쉬는 날 서점에서 구입한 책도 가져와서 일하는 틈틈이 사람들과 같이 읽어요. 전에는 퇴근하면 너무 피곤하고 허기져서 이것저것 사서 먹었는데, 이제는 원룸 창문을 다 열고 환기한 다음, 저 자신을 위해서 간단히 음식을 해 먹어요" 이렇게 자신과 공간의 작은 변화들을 이야기했다. 철학이나 경제나 정치는 어려운 이야기이지만 공간에 대해서는 누구나 자신의 이야기가 있다.

자신의 현재를 이야기하고 나면, 인테리어 이야기는 사라지고 없다. 사실 우리에게는 공간의 문제보다 마음의 문제가, 관계의 문제보다는 본인의 문제가 더 깊었기 때문이다. 자신의 공간과 타인의 시선에 대한 대화는, 가장 내밀한 인간의 진심에 다가서도록 만든다. 그 친구와의 상담은, 앞으로도 정리 정돈과 청소를 규칙적으로 하고, 책을 좀 더 읽기로 끝을 맺었다. 벽돌 무늬 벽지는 붙이지 않는 대신 싱크대 앞에 화분을 하나 키우고, 현관에 작은 책장을 하나 세우는 것도 좋겠다고 말했다. 공간을 바꾸고 싶은 마음이 든다면 그 이유가 무엇인지 자신에게 솔직히 물어보기 바란다. 자신의 일터와 집은, 인생에서 가장 중요한 공간이다.

스스로 작은 공간을 선택한 사람들은 시스템의 부조리와 일상의 경이를 동시에 본 사람들이다. 삶의 규칙성은 미세한 자극으로부터도 자신의 육체와 정신의 변화를 읽을 수 있게 해주었다. 그래서 자신이 가진 것을 나름의 방식으로 측정 가능하게 했다. 충분한 시간을 쏟아 부어야 우리는 각자 가지고 태어난 재능과 개성을 발현할 수 있다. 한정된 공간에 오래 머무르면서 규칙적인 일과를 가지면, 마음속에서 서서히 일어나는 변화를 마주하게 된다.

사회와 사람과 관계 맺기, 시간의 규칙에 자신을 완전히 맡기기, 나만의 정리 방식과 원리를 발명하기, 무궁무진한 상상력을 펼쳐보기, 노동의 가치를 스스로 가늠하기, 삶의 근본 조건과

공간의 최소 조건을 정리하기, 한정된 공간을 무한의 공간으로 투사하는 독특한 비유법 배우기, 인간과 공존하는 사물에 존재하는 생태 구조를 이해하기, 공간이라는 말에 포함된 최대한 많은 의미를 포함시키기. 이런 방식을 반복하면서, 일상의 우연으로부터 보편성의 원리를 발견하고 전체를 이해한 뒤, 스스로의 직관과 느낌을 믿을 수 있게 된다.

작은 공간을 스스로 만들고 가꾸어 살고자 하는 마음은, 기능을 수행하는 최소의 공간, 제어 가능한 우주의 끝을 스스로 알고, 모든 것은 나와 직접 관계되어 있다는 인식이다. 하나의 책방, 하나의 도장집, 원룸의 내 방은 하나의 사람이다. 거대한 공간과 조직은 우리에게, 인간은 타인과 장치의 도움을 반드시 필요로 하는 미완적 존재라는 것만을 크게 부각시킨다. 반면, 작은 공간을 스스로 꾸려서 그 공간의 주인이 될 수 있다면, 먹고살며 세상과 관계 맺는 일에 자립적이 될 수 있다. 이것이 바로, 그리고 다음에 이야기하는 것들이 우리의 일생에서 자신의 집, 자신의 공간을 지어야 하는 이유다.

첫 번째, 자신의 집을 짓는 일은, 인간으로서 자신을 완성하는 길이다. 현실과 현재, 우리의 순간과 공간에서 변화할 수 없다면, 나의 가장 깊은 말과 약속은 공허해진다. 자신의 가족과 현재의 살림살이에서 진실할 수 없다면, 말은 행동으로 나아가지 못하고 위대한 약속은 사멸한다. 생명이 있는 한, 사고하고 움직이는 것이 사람의 본성이고 그 모든 것은 공간으로 시작해서 공간으로 끝난다. 만약 내가 나의 마지막 집, 마지막 일터를 짓겠다고 오늘 결심한다면, 우리는 제일 먼저 땅을 생각할 것이다. 가격이 얼마이고 주변 개발이 어떻고를 생각하기 이전에, 내가 자라난 고향을 떠올릴 것이고, 몇 번 가보았던 그 동네를 다시 서성일 것이다.

그제야 세상의 흙과 나무와 하늘과 사람살이가 눈에 들어온다. 그들의 삶은 어떠했는지 다시 떠올려본다. 식탁 위 수저받침의 무늬, 현관문에 달린 풍경 소리, 계절마다 동네에서 흔했던 과일로 만든 과일주의 새콤한 첫맛, 공사 현장에서 얻어온 벽돌로 만든 선반 위의 가족사진 등 모든 것이 다시 보인다. 타인의 삶이 고귀하게 보이고, 일상을 지켜주는 가족들이 눈에 들어온다. 나의 생각과 선의를 담은 소박한 삶을 살고 싶다는 바람이 어떤 성공의 욕망보다 커진다. 공간을 만드는 일은, 인간은 무엇인가 그리고 나는 어떤 사람인가에 대해 생각하게 한다. 자신의 원칙으로 삶을 조정할 수 있는 집과 일터를 머릿속에 구상하고 걸음을 재는 그 자체로 이미 삶은 깊어졌다.

두 번째, 집과 일터는 노동을 통해서, 태생적인 자기중심주의에서 벗어나게 한다(E. F. 슈마허,《굿 워크》). 성숙한 사람에게 가장 의미 있는 일은, 타인에게 도움을 주는 일이다. 나의 재능과 노력으로 창조물을 만들어내는 일은 우리에게 큰 자부심을 주지만 이것을 능가하는 것은 이타심이다. 일터는 타인을 위한 노동의 공간이다. 우리가 돈을 버는 이유와 노동을 하는 이유는 다르다. 돈을 버는 일은 도구를 구하여 목적을 이루는 것이지만, 노동은 그 자체가 수단이자 목적이 될 수 있다. 만약 우리가 일을 하지 않는다면, 그 일의 결과나 이득이 세상을 향하지 않는다면, 우리는 마치 썩은 물처럼 스스로의 냄새조차 견디지 못할 것이다.

 함께 살고, 함께 일하기 위해서는 공간이 꼭 필요하고, 그 공간 안에서 일어나는 노동 그 자체로 우리는 마음의 안정과 진정한 침묵을 얻는다. 그리고 제대로 된 집은 홀로 지을 수 없다. 탐험가와 은둔자의 집은 예외다. 아무리 작은 집이라도 실제로 스스로의 힘으로 지어보면, 집은 절대로 혼자 짓지 못한다는 것을 깨닫는다. 우리를 감싸는 집의 구조는 인간의 키와 품보다 훨씬 크다. 무겁고 긴 나무를 들어 올릴 때 약한 힘이라도 큰 의지가 된다. 물이 들어오고 나가는 일, 불을 만들고 집을 데우는 일, 세상과 집을 연결하는 일, 집에 생명을 불어넣은 모든 일에는 타인의 도움이 필요하다. 그래서 집이 다 지어지면, 같은 곳을 바라보면서 가졌던 공감과 겸허함은, 가장 소중한 추억이 된다. 홀로 살 수 없는 것은, 홀로 아무것도 완성할 수 없다는 것과 같은 말이다.

 세 번째, 공간이라는 배경 위에서만 우리의 일과 존재의 목적을 일치시킬 수 있다. 인생이 견딜 수 없어지는 것은 일과 존재의 분리 때문이다. 그 가운데 공간이 있다. 만약 공간이 없다면 인생의 참다운 목적을 실행할 수 없다. 공간이 없다는 것은 현대인 최대의 불행이며, 자신의 말과 동일한 공간을 사는 일이 점점 더 어려워지고 있는 것도 사실이다. 그렇지만 희망이 없는 것은 아니다. 삶의 방식과 공간의 선택권은 자신에게 있다. 어디에 가서 살 것인지, 어디에 일터를 마련할 것인지, 그 공간은 어떠해야 하는지 생각하고 실행하는 일은, 세상을 이해하고 자신을 거기에 연관시키는 일이다.

 이 세상에서 자신의 자리를 갖는다는 것이 얼마나 큰 의미를 가지는지 모두 알고 있다. 삶이란 어쩌면 자신의 자리를 찾아 떠나는 여행일지 모른다. 잠시 머문 곳과 거기서 만난 사람들의 점들을 이어 인생의 별자리를 그리는 것 같지만, 우리에게 가장 의미 있는 것은 그 장소, 그 순간, 심연에서 빛보다 빠른 속도로 떠올랐던 나의 감정들이다. 광장에서 우리들은 만났고, 정해지지 않은 자리에 개의치 않았다. 보통 사람도 품위와 성찰이 무엇을 위한 것인지 깨달아가는 절망의 상황 속에서, 우리는 다시 힘과 감동을 얻어 자신의 자리를 돌아보게 되었다.

개인의 의지와 공동체의 위기로 인해, 전에 없는 능력들이 우리들에게 생겨났다. 일상의 공간에서도, 사유와 실천의 힘을 가질 수 있다는 자신감을 찾았다. 우리는 '자신'이 되고 싶은 것이 아니라, '자신이 이해하고 싶은 것'(《생각의 탄생》)이 되고 싶다.

공간은, 분명히 존재하는 유형의 공간이기도 하고, 가늠할 수 없는 정신의 집합체, 무형의 인식이기도 하다. 우리는 이 둘의 일치를 위해서 우리의 순수한 이성과 감각을 집결할 영역을 세워나간다. 그것을 자신이 꿈꾸는 이상의 사회라고 부르기도 하고, 나만의 안식처 혹은 우주라고 부르기도 하고, 나의 자리라고 말하기도 한다. 일과 존재를 일치시키는 것이 바로 공간이다.

네 번째, 공간을 떠올리고 그것을 직접 만드는 일을 통해서 인간의 진정한 사랑과 자유의 참 의미를 알게 된다. 가장 비참한 공간을 감옥이라 부르고, 끝을 알 수 없이 풍부하고 심오한 세계를 우주라고 부른다면, 자신의 환경을 비극으로 빠뜨리는 데 있어서 공간은 절대적인 조건인 것 같다. 동시에 마치 하룻밤, 달고 깊은 잠을 자고 일어나면 모든 세상이 달라지는 어떤 날처럼, 비천함과 숭고함이 하나였다는 것을 알게 하는 것도 일상의 공간이다.

우리는 공간의 크기와 창의 유무가 아니라, 늙어가는 일, 고독을 절실히 느끼는 일, 나에게만 일어나는 절망으로 감옥에 산다. 그러나 자유와 사랑을 동시에 존재하게 하는 것도 공간이다. 인간의 무한한 가치는 가장 견고하고 분명한 사실인 공간마저도, 나의 의지대로 넓히고, 좁히며, 빛을 밝히고, 어둠 속에 잠기게 한다. "우리가 알기에 인간만이 자유를 부여받은 유일한 피조물"(피에르 신부,《단순한 기쁨》)이므로, 종속되지 않아야 진심으로 사랑할 수 있다. 그래서 나는 환경과 본성이 우리를 결정하는 것이 아니라, 자유와 성찰이 우리의 무한한 가치를 세상 밖으로 다 펼쳐낼 것이라는 희망을 잃지 않는다. 인간으로서의 품위와 신념은 결국 모든 것으로부터 진정 자유로워질 때, 내 안에서, 내 집에서부터, 내 일터에서부터 시작되는 것이다.

다섯 번째, 나의 집과 나의 일터는, 건강과 자부심과 인간관계의 독립적인 터전이다. 우리 집에 놀러 오라, 내 사무실로 오라, 우리 동네로 와라, 이렇게 사람들에게 청한다. 집과 일터의 공간은 건축으로만 말할 수 없다. 사람, 벽, 사물들, 감각들, 계절과 시간, 이 모든 것을 희망과 이상에 합치는 과정에 우리의 노력이 있다. 규칙적인 청소와 도색, 환기와 재배열은 건축의 약화도 지연시킨다. 일상의 노동은 교육과 같다. 원리를 말하는 것은 배우지 못했다 하더라도, 자신만의 느낌과 흉내로 그것을 이해하는 것이 중요하다. 그렇게 된다면 우리의 질문과 깨우침을 자신만의 중심에 연결하는 능력이 생길 것이다.

몸과 마음을 일치시키고, 근원적인 자부심을 발견하고, 관계를 증폭하기 위해 공간이 필요하다. 나의 공간으로 누군가를 부르는 일은, 나의 일과 일상에 대한 자부심이 있기 때문이다. 사람 혹은 사물과의 관계에는 생각보다 많은 노동이 필요하다. 아무것도 하지 않고 그대로 두면 대부분은 더 나빠진다. 일정한 상태를 유지하기 위해서는 관성의 법칙처럼 힘이 필요하다. 움직임을 방해하는 마찰이 있듯이, 물질로 구축된 공간은, 공기 중에서 그리고 사람을 통해 원래 상태에서 점점 변화하고자 한다. 그래서 공간의 주인은 건축과 공간에 대해 스스로 정의를 내리고, 진심으로 사랑하여, 보살핌으로 생명을 불어넣는다.

여섯 번째, 가족의 집을 짓거나 함께 일할 일터를 직접 만들어보면, 자신의 잠재력과 정신력을 완전히 다 쓰고 살 수 있다. 우리 자신을 다 알 수 있는 방법이 몇 가지 있다. 매우 지혜로운 사람을 만나거나, 육체적인 한계까지 몸을 사용하거나, 막연히 상상하던 것을 자신이 직접 실행할 때, 자신의 모든 것을 끌어낼 수 있다. 인간에게 가장 큰 자부심은 스스로 만들어낸 것으로 사람을 감동시키는 일이다. 나는 10평이 채 안 되는 작은 집에 5년간 살면서, 사람은 생각보다는 힘이 세고, 사물에 대한 이해력이 있고, 환경에 대한 적응력과 정복력이 동시에 있다는 것을 알았다.

벽 속에서 나는 물소리는 윗집 사람의 늦은 퇴근이 아니라 집들이 포개져 관통하는 배관의 원리로 생기는 것이었다. 아주 작은 공간 내에서도 분위기와 방식을 바꾸어보고 싶은 생각이 사라지지 않아서 침대, 옷장, 책장, 식탁 겸 책상을 여러 번 혼자 옮겼다. 때가 되면 해야 할 일로 계절을 알 수 있었고, 숫자나 계량이 없어도 아는 것들은 공간 속 생활이 가르쳐준 것이었다. 공간을 바꾸는 일에 삶의 방식, 관계의 방식, 일의 방식의 변화라는 큰 의미를 부여했었다. 눈을 감고도 소리만으로도 어디서 무엇을 하는지 그림처럼 펼쳐지는 익숙한 공간에서, 사람들은 주도성과 편안함을 느낀다. 삶의 통찰력은 그로부터 피어난다.

일곱 번째, 공간을 가져야만 나에게 가장 오래되고 가장 의미 있는 것을 지킬 수 있으며 사랑하는 이에게 그것을 남길 수 있다. 만약 존재를 초월하여 이 세상에 단 한 가지만 남길 수 있다면 우리는 기록과 공간, 이 둘 사이에서 고민할 것이다. 유한한 나의 삶 너머로 무엇이든 이어지기를 바란다면 글(혹은 그림)과 건축 중 하나를 선택할 것이다. 사람들은 많은 일들의 공통점이나 관계성을 찾아 자신을 정의하고자 한다. 자신이 이해할 수 있는 방법으로 세상과 현재의 원인과 결과를 정의하면서, 나 자신을 이 모든 것의 큰 흐름의 일부분으로 느끼고 싶어 한다. 현재란 움직이는 것이며, 나의 앞과 뒤가 있다는 것을 받아들이게 된다. 이때 공간은 그 연결성의 매개가 될 수 있다. 책은 공간보다 오래 살아남은 것 같지만, 인류의 책은 극소수 사람의 기록이다. 반대로 공간은 평범한 사람들 모두 창조해냈다. 우리 모두에게 집이나 일터보다 오래 머물렀고 분명하게 존재한 것은 없다. 삶에 실제로 존재한 것으로서 가장 가치 있는 것이다. 그 공간 앞에서 이런 질문이 마음속에서 피어오른다. '나는 어떻게 여기에 살게 되었을까?'

동양화가인 양 작가님은 자신의 방을 갖고 싶어서 결혼을 결심했다고 이야기했다. 그래서 남편을, 자신을 구해준 사람이라고 부른다. 당시 스무 살이었던 그녀는 결혼을 하면서 자신만의 공간을 갖게 된 셈이다. 경산에 있는 그녀의 작업실은, 사랑하는 사람들이 깊고 편안한 호흡을 한 뒤 일상으로 돌아가게 하는 곳이다. 탁 트인 전망과 천정 높은 공간을 간절히 갖고 싶었던 이유는, 캔버스의 크기에 상관없이 마음껏 그림을 그릴 수 있으면서도 누군가와 함께할 공간이 필요해서였다. 사람들은 어떤 공간을 가지려면 그 장소를 돈으로 사거나 만들어야 한다고 생각한다. 하지만 진정으로 한 공간의 주인이 되는 일은 돈이 아니라 긴절한 마음으로만 이루어진다.

대도시에서 작가로 살아가던 서 목수님은 몇 해 전 상주시 북천 근처에 작업실을 마련했다. 병환 중이신 부모님을 지키기 위해 고향으로 돌아왔기 때문이다. 시골로 들어오면서 삶의 반경은 아주 좁아졌지만, 사고의 지평은 무한대로 펼쳐졌다. 작은 개울에서 웅장한 폭포를 보고, 외딴 목공소에서 죽은 나무들을 어루만지며 아이와 우주를 이해했다. 큰 장마가 지나갈 때면, 마을로 들어오는 유일한 다리는 사라져버리고, 물소리가 귀를 찢는 것만 같고, 쏜살같은 물줄기 앞에서 그저 망연자실한다고 했다. 몇백 권의 책을 탐독한 그였지만, 학교도 제대로 다니지 않았던 고향 친구의 지혜를 따라가지 못한 것이 부끄러웠다고 했다. 이제 한 인간으로서 목수의 손과 호흡은 더 부드러워졌고, 지식을 버린 머릿속은 아주 맑았다. 그는 모든 공간으로부터 자유로워졌다. 공간을 사거나 키우지 않더라도, 내 방 창문 밖의 관찰로 우주의 공간을 알 수 있고, 작은 마을에서도 우주의 시간을 살 수도 있다.

현재 내가 살아가는 모습이 우연이고 운명이다. 어디론가 강렬히 나아가고자 하지만 그 목적지에 대한 구체적인 이미지는 없다. 그러나 감정에 휩쓸려 하나의 사실에 큰 의미를 부여하는 것이 인간의 장점이자 약점이라면, 그 특성에 의지하여 현재의 애착과 목적을 유지하는 것이 우리를 살아가게 할 것이다.

이 책을 써나가는 과정에서 의도치 않게 내 머릿속에는 하나의 집이 그려지고 있었다. 한 번도 그려본 적 없는 방식으로, 어쩌면 지금까지 지어지던 것과는 완전 반대의 방식으로, 스스로 태어난 집 하나가 지어지고 있었다. 공간과 감각의 조각들은 조금씩 그 원형을 스스로 창조하고 있었다. 책은 여기서 끝이 났지만 그 집은 아직 완성되지 않았다. 우리는 환경 전체에서 다시 자신의 마음속, 진심의 공간으로 돌아가, 각자의 원형을 꿈꾸게 될 것이다.

우리에게 공간이 필요한 이유

자신의 집을 짓는 일은,
인간으로서 자신을 완성하는 길이다.

집과 일터는 노동을 통해서,
자기중심주의에서 벗어나게 한다.

배경과 관계 안에서만,
일과 존재의 목적을 일치시킬 수 있다.

한정된 테두리는,
사랑과 자유의 참 의미를 알게 해준다.

내가 가꾼 공간은,
건강과 자부심과 인간관계의 독립적인 터전이다.
그리고 자신의 잠재력과 정신력을 모두 불러온다.

우리가 집을 짓는 이유는,
가장 오래되고,
가장 의미 있는 것을
사랑하는 이에게 남기기 위해서다.

책 속의 공간들

이 책에 실린 사진은 저자가 직접 촬영하거나 저작권자의 허락을 받아 사용한 것입니다. 사진 저작권은 해당 저작권자와 출판사에 있습니다. 촬영을 허락해주신 분들께 감사드립니다.

고령군 보건소(구), 경북 고령군 대가야읍 — 94쪽
곡물 창고들, 경남 하동군 / 제주시 애월읍 납읍리 — 47, 75쪽
길남 마을박물관, 강원 삼척시 원덕읍 — 137쪽
나무그림자, 경북 상주시 남장동 — 91, 241, 289, 333쪽
납읍리 주택들, 제주시 애월읍 납읍리 — 149, 167쪽
마리서사, 경북 안동시 와룡면 — 185, 283쪽
매암제다원, 경남 하동군 악양면 — 79, 206쪽
명인당, 대전시 동구 중앙동 — 304쪽
바하의 선율, 대구시 중구 대봉동 — 109쪽
백제병원(구), 부산시 동구 초량동 — 31, 70, 101, 201쪽
붉은 대문 집, 대구시 달성군 가창면 — 141쪽
서산고택, 경북 안동시 금소리 — 248쪽
설아다원, 전남 해남군 북일면 — 265, 290~291쪽
쉼 박물관, 서울시 종로구 홍지동 — 37, 152쪽
오경아의 정원학교, 강원 속초시 도문동 — 235, 320쪽
월계서점, 대구시 중구 남산동 — 307, 309쪽

월평초등학교 도서관, 부산시 기장군 정관읍 — 182쪽
인사이트 디자인 사옥, 대구시 중구 대봉동 — 51, 229쪽
전혁림 미술관, 경남 통영시 봉평동 — 121, 230~231쪽
정 소아과, 대구시 중구 남일동 — 21, 40, 60, 65, 155쪽
제실 할머니 집, 대구시 북구 산격동 — 276쪽
주택과 창고의 지붕들, 경북 안동시 금소리 / 제주시 애월읍 수산리 — 118, 132쪽
주택의 부엌들, 경북 고령군 / 대구시 북구 산격동 — 255, 258, 261쪽
충남도지사 공관(구), 대전시 중구 대흥동 — 105쪽
카페 모딜리안, 대구시 중구 봉산동 — 220쪽
코스모스서점, 대구시 중구 남산동 — 197, 295쪽
혼신지 집, 경북 청도군 화양읍 — 171쪽(© Hélène Binet)

진심의 공간
ⓒ 김현진, 2017

초판 1쇄 발행일 2017년 2월 20일
초판 4쇄 발행일 2024년 7월 1일

지은이　김현진
펴낸이　정은영

펴낸곳　(주)자음과모음
출판등록　2001년 11월 28일 제2001-000259호
주소　10881 경기도 파주시 회동길 325-20
전화　편집부 (02)324-2347, 경영지원부 (02)325-6047
팩스　편집부 (02)324-2348, 경영지원부 (02)2648-1311
이메일　munhak@jamobook.com

ISBN 978-89-544-3704-2 (03810)

잘못된 책은 구입처에서 교환해드립니다.
저자와의 협의하에 인지를 붙이지 않습니다.